教養としてのラップ

自由国民社

はじめに

アメリカは言うに及ばず、
日本や世界各地で若い世代を中心に聴かれている音楽、ラップ。
ロックやポップスを愛するおじさん世代からしてみると、
「よくわからない音楽」と考える方も
少なからずいるのではないでしょうか？
ですが、いまやロックやポップスに取って代わり、
ポピュラー音楽のメインストリームともいえる人気を獲得しているラップを
「教養」として知っておくことは、ビジネスパーソンにとって

決して無駄なことではないでしょう。
それだけではありません。
ラップには、ビジネスシーンでのネゴシエーションや
会議でのプレゼンテーションなどでも使える人を
説得するテクニックが詰まっているのです。
そんなラップを知ることで得られるスキル、
その歴史などをこの本では解説していきます。
本書を通じて、ラップについての知識や理解が深まり、
その魅力を知っていただけたら幸いです。

教養としてのラップ

CONTENTS

CHAPTER 1
聞かせるコツはラップで学べる

CHAPTER 2

ラップを知ればコミュニケーション力が上がる

CHAPTER 3

ビジネスと人間形成に役立つラップ

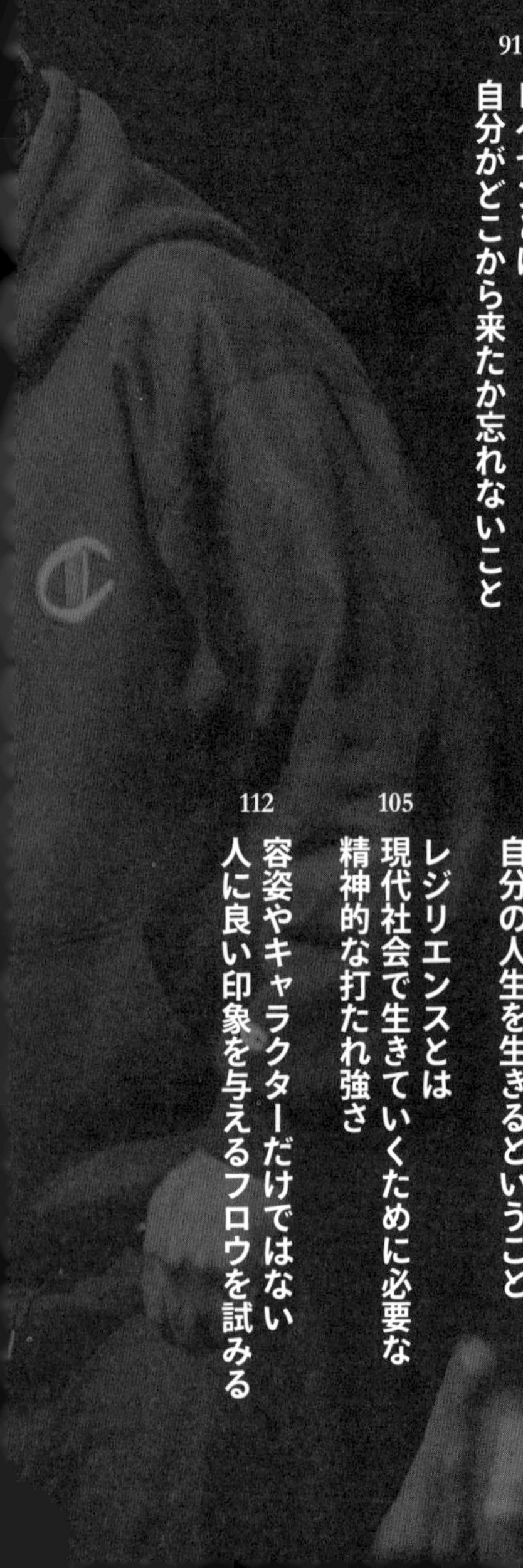

CHAPTER 4 ラップを実践する

CHAPTER 5 かいつまみのラップ史

聞かせる
コツは
ラップで学べる

CHAPTER 1

ビジネスでスピードが求められる現代、相手に対して、早く、強く物事を伝えるスキルが問われています。これらのスキルを身につけるのに有効なのが、「ラップ」なのです。

現代ビジネスはスピードの時代

ビジネスにとって、スピードは重要です。いえ、重要どころか命といっても過言にはならないでしょう。スピード感に乏しい者は、確実に置いていかれてしまいます。

これは何も、今に始まったことではありません。ビジネス書などでおなじみ中国の軍師である孫氏は、「兵は拙速を尊ぶ」と説いています。これは「計画を練るのに時間をかけすぎるのであれば、多少あらがある作戦であっても早く実行に移すべきである」という意味で、約2500年も前から伝えられている言葉です。

「スピード!! スピード!! スピード!!」。これは日本最大規模のIT企業・楽天が掲げる、成功のコンセプトの1つです。他社が1年かかることを1カ月でやり遂げるスピードを持つことが、成功には不可欠だとしているのです。別のＩＴ界の巨人、孫正義も、部下には「10秒以上は考えずに、即、行動に移せ」と常に言っていたそうです。

これらを極端な例だと受け止めるかは、もちろんその人の自由です。しかし、ＩＴ後進国である日本の企業ですら、これくらいスピード感は平気で求められているのです。そのことは、現実として受け止めておくべきではないでしょうか。

「じっくり検討する」「時間をかけて考えをまとめる」「しばらく様子を見る」よく聞きますし、よく使ってしまうフレーズですね。ですが、このようなまどろっこしいやり方では通用しない時代が、もうとっくに来ているのです。自分がすぐ動き、相手もすぐに動かすこと。本当に大事なのは、その一点といっていいでしょう。

誤解のないよう述べておきますが、計画を立てるのが悪いと言っているのではありません。完璧を求めすぎるがゆえに、計画段階で立ち止まる時間が長くなりすぎてはダメということです。そもそも、サービスや商品に完璧なものなど存在しません。世の中のあらゆるものがパーフェクトであるならば、メンテナンスやコールセンターは必要なくなってしまうでしょう。それに、どれだけ時間をかけて計画したビジネスであっても、成功するとは限らないのです。

目の前に5つの袋があるとしましょう。そのうち1つには金貨が詰まっていますが、見た目では判別できません。ならば、どれが当たりかで悩むのは時間がもったいない。そういうときは、人よりも早く5つの袋を全て開けてしまえばいいのです。このやり方だと、間違った袋を開けてしまうことも当然あります。しかし、そんなことよりも、動かない方がよっぽどリスキーです。ビジネスシーンから取り残されてしまいます。「いや、そうではなくて、時間をかけて検討してから動くべきだ」という意見もあるでしょう。ですが、日々スピード感をもってビジネスをしている人からすれば、遅々とした検討なんて動いていないようにしか見えません。すぐに動く。そして動きながら考える。考えながら微調整していく。これをスピーディーに行うことが今のビジネスシーンでは肝要なのです。

新型コロナウイルスの蔓延により、世界は一変しました。会社によってはテレワークへの完全移行が始まり、中には副業を始めたビジネスマンも少なくないでしょう。仕事の自由度が増すということは、すなわちスピードの重要性も高まるということです。これまでは出社と退社の時間が皆同じでしたが、テレワークでは早く仕事を終えた人ほど、他の時間を有効活用できるようになりました。たとえば、副業なら充てる時間が多ければ多いほど、成果を出しやすいのは言うまでもありません。

では、ビジネスにおいてスピード感を持つには、どうすればいいでしょうか。

それは、**自分を変化させる**ことです。

最初に変えるのは、自分の心。もたもたせず、すぐ行動に移すことです。ビジネスを動かしながら改善していくことです。大切なのは、このマインドなのです。

そして次に変えるべきは、相手の心。相手の性格を変えるという意味ではありません。相手に自分の望む行動をしてもらうということです。いくら自分が早くても、周りが遅くてはその船は早く進みませんよね。

では、どうすれば周りを巻き込んで加速させられるのでしょうか。

その答えは「言葉」です。

いかに早く、強く物事を伝えるかが問われる

ビジネスに限った話ではありませんが、相手を動かすには言葉の力が必要不可欠です。無論、口だけで行動が伴わない者は人を動かすことなどできませんし、その一方、行動するだけでも人はなかなか動いてくれません。「言葉の力」とは、無論、怒るとか大声を出すとか、そういうことではありません。言葉というツールを使って、相手の感情を揺さぶることを意味します。そして、相手の心を揺さぶり、行動を起こさせるためには、いかに早く、強く物事を伝えられるかが重要になってくるのです。ウィズコロナ時代に突入してからというもの、物事を早く強く伝達する能力の重要性は日増しに高まっています。

たとえば、オンライン会議。参加したことがある人ならわかると思いますが、ネット上

でのミーティングは、声がとても聞き取りづらいうえに、相手の反応もわかりづらいものです。こんな状態で長々と話しても真意が伝わらないどころか、かえって相手にストレスを与えかねません。オンライン会議では、自分の意見を届けるために、対面の会議よりもより端的な発言をすることが求められます。

コロナの影響でＹｏｕＴｕｂｅの視聴時間が大幅に増えたといわれていますが、それもまた、人々が言葉にスピード感を求めるきっかけの1つとなりました。

ユーチューバーたちが動画の視聴者数によって広告収入を得ているのは誰もが知る話ですが、「視聴維持率」の重要性はあまり知られていないかもしれません。視聴者がその動画をどれだけの時間見てくれたかを示す指標で、この数値が低いとＹｏｕＴｕｂｅ側が優良な動画と判断してくれないため、広告収入が得にくくなるといわれています。

視聴維持率を高くキープするためには様々な方法がありますが、中でも有効なのが動画のテンポを上げることです。そのために多くのユーチューバーたちが用いているのが、ジャンプカットという手法。「えー」「あのー」といった余計な言葉や、ちょっとした間も徹底的にカット、まったく途切れずしゃべっているように編集するのです。こうすることで話にリズムが生まれて、聞いていることに心地良ささえ感じるのです。

さらに重要な部分にはテロップを入れて、伝えたいテーマが届きやすいようにしています。まさしく、物事を早く強く伝える工夫をしているのです。このようなユーチューバーの話し方に慣れた人々には、長々と話したところで真意を伝えられませんし、それどころか興味を失って真剣に耳を傾けなくなってしまうでしょう。話す方も聞く方も長い時間をかけて結局、真意が伝わらないのでは、時間のムダを相手に強いるのと同義です。時間を奪うのは、最も人に嫌われる行為の1つ。自分から時間を奪う存在を、多くの人は敬遠します。終身雇用の時代のサラリーマンたちは、時間を奪う行為に対して今よりずっと無頓着でした。会社に拘束されること、すなわち時間を捧げることで、安定という対価を得ることができたからです。

しかし現在、状況は大きく変わりました。終身雇用神話は崩壊し、一部上場企業ですら社員に副業をうながし、実際、多くのサラリーマンがダブルワークを始めている現実。本業の会社勤めは固定の月給がもらえますが、副業はそうもいきません。時給の仕事であれ、何かしらのビジネスであれ、副業に関わる時間が多ければ多いほど稼げるチャンスは、当然、増えます。

また、より稼げるようになるべく、勉強や資格取得に励む人も多いでしょう。本業を勤務時間内に効率良く終えて、それ以外の時間を副業や自己研鑽にあてたい人にとって、時間は貴重です。彼らに要点の見えないだらだらとした話をしようものなら、「この人は俺の時間を奪う存在だ」と敬遠され、まともに話を聞いてもらえなくなってしまいます。

相手の時間を奪わないこと。そして、自分の時間もムダにしないこと。その2点を意識するだけでも、今より早く強く相手に物事を伝えられるようになります。さらに伝達力を高めたいのであれば、話の要点をまとめてから話すことです。あなたがよく相手から「話がわかりづらい」と言われるなら、それは要点があやふやだからでしょう。話の中心をしっかり固めることで、伝達力はおもしろいほどに上がります。

要点をまとめて話さないと伝達力に欠ける

「つまり、今の話をまとめると、こういうことでしょうか？」

商談やプレゼンのときに、このようなことを言われた経験はないでしょうか。このとき、あなたは「話を理解する力が低い人なんだな」と思うかもしれませんが、実は相手はこう考えているでしょう。「この人の話、わかりづらいな……」と。

相手が話を聞いていないなどの特殊なケースを除き、自分の意思が伝わらないのは、要点がまとまっていない場合であることがほとんどです。要点があやふやなのだから、話の本筋が理解できない。よって整理する。至極当然の流れです。

キャッチボールを思い浮かべてください。キャッチボールをしていて楽しいのは、手が痛くなるような剛速球ばかり投げてくる人でも、どこへ飛んでいくかわからない変化球を投げてくる人でもありません。自分が構えているグローブに、心地良いスピードでボールを投げてくれる人です。なぜならボールを受けた方はすぐに投げ返すことができ、スムーズなキャッチボールができるからです。

ところが現実の会話では、とんでもない球を投げたり、一度にボールを何個も投げてしまうような人が少なくありません。それでいて「こんな球も取れないのか、やれやれ」なんて、呆れ顔を浮かべる始末。こういう人は、ビジネスシーンで信頼を得るのは、まず無理でしょう。話をするときは相手が理解しやすいよう要点をまとめておく。これはコミュニケーションにおけるイロハのイです。

要点の見えてこない長話で相手に理解を強いるのは、余計な仕事を押し付けているのと同じこと。ビジネスマナーどころか、絶対にやってはいけないルール違反です。

長く話せば話すほど、自分の真意を伝えやすくなると思ってしまう人はいますが、それはまったくの誤解です。だらだらと話すと、かえって伝わらなくなってしまうものです。

その最たる例が、校長先生の話でしょう。朝礼や行事の際に5分も10分も壇上でしゃべっていたけれど、その内容を今も覚えている人が、どれだけいるでしょうか。それどころか、当時もまったく頭に入っていなかったのではないでしょうか。

どこが焦点かもわからない話を、抑揚のないリズムで、感情の起伏もなく、長時間話す。3アウトどころか4アウト。こんな話し方では、どれだけ内容が素晴らしいものであったとしても、誰かの感情を揺さぶることなどできません。

裏を返せば、校長先生と真逆のことをすれば、人の心をつかむことができるというわけです。まず、話をするときは、最も伝えたい部分をハッキリさせることです。余計な言葉を削いでシンプルにしましょう。世に名言といわれる言葉が印象に残りやすいのは、極限までわかりやすい言葉でできているからです。研ぎ澄まされた言葉じゃないと、ハートには刺さってくれません。

また、話すときにはテンポやリズムを大事にしたいものです。

言葉は感情を込めるほど、相手に伝わりやすくなります。気持ち、表情、身振り手振りを交えて相手に想いを伝える努力をすれば、その気持ちは届くはずです。

これらを踏まえて端的に話せば、あなたの言葉は強い伝達力を持つようになります。

副業時代に突入し、SNS等で自分の市場価値を高めることが重要になってきたこの時代、伝達力はもはや成功のための必須スキルと言ってしまっていいでしょう。

伝達力＝要点をスムーズに伝える力は、ビジネスのあらゆるシーンで役に立ちます。まず相手とのコミュニケーションがスピーディーになります。ビジネスにおけるスピードの重要性は、すでに述べた通りです。伝達力の高い人は相手の時間や労力を奪わないので、信頼を得やすくなる。「この人と一緒に仕事したい」と思ってくれる人が多ければ多いほど、ビジネスが成功に近づくのは言うまでもありません。

また、言葉をそぎ落としていく過程で、物事の本質を理解できる能力も身についていきます。それを意識するだけでも、言葉は力を持ってあなたを助けてくれるようになるのです。

リズム感や「間」の取り方も非常に大切

ビジネスで欠かせない自分の話を聞かせる力には、「早く強く物事を伝えること」と「要点をまとめて伝達力を上げること」が大切だとここまで述べてきました。もう1点、人に言葉を伝えるための大事な要素があります。これがあると、相手は話を聞いたうえで真意をしっかり理解してくれます。一方、これがないと、相手は言葉が理解できないだけでなく、会話することに苦痛すら感じてしまうかもしれません。その大事な要素こそ「**リズム感**」と「**間の取り方**」です。

リズム感と間の取り方がなぜ大事なのか。それがよくわかる実験をしてみましょう。

最初に、大好きな歌を1つ思い浮かべてください。続いて、その歌を口に出してもいいし、脳内でもいいから実際に歌ってみましょう。

次に、その歌の歌詞を、リズムを一切つけずに一定のトーンで朗読します。どうでしょう、あれだけ耳になじんでいた歌詞が、リズムがないとまるで別物のように聞こえて、内容も頭に入ってこなかったのではないでしょうか。

同じ声、同じ歌詞でも、平板な口調だと、無機質な単語の羅列にしかなりません。リズムや間が加わることで、はじめて歌になるのです。アルファベットの歌や、数え歌など、幼いころに教養を歌で身につけるのは、言葉は単体でなくリズムやメロディーに乗せた方が覚えやすいからでしょう。われわれが普段している会話も同じです。抑揚があるからこそ、人に伝わる「話」になるのです。

リズム良く話をするコツは、言葉に感情を込めることです。

自分はそのとき何を感じたのか、他の人にどんな気持ちを伝えたいのか、目の前にいる相手と共有したいものは何なのか。そういった感情を言葉にのせることで、相手はきちんと向き合ってくれるようになります。

表情や身振り手振りも重要です。テレビやＹｏｕＴｕｂｅでは印象付けたいところでテロップを出しますが、顔や体の動きはこれに近いかもしれません。会話のここぞというところで表情や仕草を入れるとフレーズが強調され、相手に気持ちを届けやすくなるでしょう。

話をしていて心地良いと感じる場合の多くは、声質が良いか、相手と会話のテンポが合っているときです。反対に、テンポが合っていないと違和感を感じてしまいます。自分とテンポが合っていなくても、その人と接するうちに慣れていくこともありますが、最初のうちはどうしてもなじめないものです。

声質を変えることは難しいですが、話のテンポを変えることなら今日からでもできます。ジャンプカット的な途切れない話法がＹｏｕＴｕｂｅでは広く普及していますが、どうしてもそれになじめない人はいます。そういうときは、相手に合わせて少しスローな会話を心がければいいでしょう。トラックに合わせて歌い方を変えるのと同じことですね。

自分と会話することで、相手に心地良くなってもらう――そういったサービス精神は良い感情となって、相手にもきちんと伝わります。

「間」の取り方も非常に重要です。プレゼンのような1人しゃべりでも、相手のいる会話でも、聞いてくれている人の反応を見て話すことは欠かせません。相手が理解するのに時間がかかっているようなら、ところどころ間を作って思考を整理する時間を作ってあげたいものです。間は適度な休憩どころとして機能させるのが好ましいです。

また、間を取ることは自分にとってもメリットがあります。まず、きちんとした言葉を選ぶ時間がもてるということ。友達とのバカ話ならまだしも、ビジネスの場面ではなんとなく浮かんだ言葉を軽々しく使うのは得策ではありません。ちょっとした一言で信頼を失ったり、相手に嫌な思いをさせたりして、大きなチャンスをふいにしたなんていう話は、そこら中に転がっています。少しの間を作って言葉を吟味し、相手の反応もある程度想定したうえで言葉を交換し合う。これが本当のコミュニケーションというものです。

「間」には、注目させるという効果があります。それまで普通に話していたのに突然、黙ったら、皆、「?・」となりますね。そうやって注目をさせて、最も言いたかったことを伝えるという方法もあります。ただし少々あざといので、使いどころには注意が必要です。

これらを身につけるのに最適なのがラップ

さて、ここまで述べてきたことの要点を、おさらいしていきましょう。

①現代ビジネスではスピードが何より重要→自分はもちろん、周りも加速させる最も優秀なツールが言葉である。

②言葉のキモは「いかに早く、強く物事を伝えられるか」→だらだらと長話をするのは絶対NG。他人の時間を奪い自分の時間をムダにする。何より真意が伝わりにくい。

③要点をまとめて話さないと伝達力に欠ける→伝達力はコミュニケーションのコア。これがない人はビジネスの速度が遅いし、人から信頼を得られない。会話はもちろん、文字数

が限られるＳＮＳにおいても、要点をわかりやすくまとめる力が問われる。
④話をするときはリズムや間を大切にする→言葉に抑揚をつけたり、感情を込めたりすることで相手に真意を伝えやすくなる。また、会話の最中に間を設けることで、相手が話の内容を理解する時間を作り、自分もその場にふさわしい言葉を選ぶ余裕ができる。

①〜④までがきちんとできているなら、相手はあなたの話に耳を傾けてくれるでしょう。今は、多くのビジネスパーソンが時間の大切さに気づき、ムダを省きたいと考えている時代です。真剣に話を聞いてくれる機会をどれだけ作ることができるかで、あなたが優秀か否かの評価が分かれてきます。

そんな「聞かせる力」を身につけるためには、どうすればいいのか。最適なのは、**「ラップ」のスキルを磨くこと**です。

「……はぁ？」といぶかしがる人はいるでしょう。ですが、嘘ではありません。ビジネス相手に話を聞いてほしいなら、そして誰かの心に強く印象を残したいのなら、ラップの技術を身につけるべきです。

なぜ、そんなことを言いきれるのか。それはラップが心からの渇望を伝えるために生まれたものだからです。なぜ自分は貧しさから抜け出せないのか、どうして肌の色が違うだけで侮辱されなければいけないのか、どうしたら俺たちは幸せになれるのか。やり場のない怒りや苦しみを抱えた者たちは、いつしかその思いをリズムにのせて言葉にしました。するとどうでしょう。魂の叫びは瞬く間に多くの人の心を震わせました。単体では無力だった言葉はリズムという相棒を得て、最強の言霊となったのです。

強烈なメッセージを込めた言葉を、リズムにのせる。それは貫通力を増したラップとなり、相手の心を容易に打ち抜きます。ビートを刻みながら要点をズバズバと打ち込むから、長話のように退屈させることもありません。あなたがこれまで歌から受けてきた影響を考えれば、普通に話すよりも感情が入りやすいことがよくわかるはずです。

「聞かせる力」の全てが詰まったラップのスキルと知識は、あなたのビジネスだけでなく人生も豊かにしてくれるはずです。

ラップを知ればコミュニケーション力が上がる

CHAPTER 2

ラップを通じて学べること、スキルはいろいろあります。ここでは、なぜラップがビジネスに役立つのかをその魅力と併せてラッパーの晋平太氏が解説していきます。

〝ラップ〟とは自由であり、ネガティブをポジティブに変える武器

ラップとは何か?

僕が思うラップ。それは〝**自由**〟ということです。

ラップには正解も限界もないですし、スタイルも十人十色です。

僕が主戦場にしているフリースタイル・ラップの現場でも、決められた時間やルールの中でいかに自由に、自分の個性を打ち出してオーディエンスを沸かすことができるのかを競っていると言っても過言ではありません。

これだけは、はっきりと言えます。正解がないからこそ、**ラップは誰にでもできる**と。

そして僕はラップを〝**ネガティブをポジティブに変える武器**〟だと思っています。それ

晋平太の考えるラップ

・自由である

・誰にでもできる

・人に自分の想いを
伝えることができる武器

は、ビジネスシーンにおいても、ラップには大いに取り入れる要素が備わっていると信じています。

「会議でうまく話せない」「プレゼンをいつも失敗する」「部下が自分の話を聞いてくれない」などと思い悩んでいる社会人の方も多くいらっしゃることでしょう。

ラップとは何か？　それは、**自由な発想で自分の個性や湧き出てくるものを打ち出し、相手に伝えたいことをストレートにぶつけることができる武器**なのです。

さぁ、ラップという武器を手に取り、共に闘っていきましょう！

ラップに欠かせない
リリックとライムとフロウ

聞いたことがある方もいらっしゃるかもしれませんが、**リリック**、**ライム**、**フロウ**は、どれもラップには欠かせないものです。

「リリック」は歌詞を指します。シンガーやバンドが作詞するように、僕たちラッパーもビートにのせる歌詞を紡ぎます。シンガーやバンドの曲と僕たちラッパーの曲の違いは、この歌詞をメロディにのせて「歌う」か、ビートにのせて普段とは違うリズムで「話す」か、ということだと思ってください。

次に「ライム」です。これは「韻を踏む」という意味です。よく言われるのが「韻ってて結局ダジャレでは？」という意見。それに対して僕は「意味がつながらなければダジャレ、意味がつながればオシャレ」と答えています。後に詳しく説明しますが、僕もラップを覚えたての若かりし日は、あらゆる単語を「あいうえお」の母音に分解して、ライムの練習をしたものです。

そして最後に「フロウ」。これが一番重要で、一番定義が難しいと言えるでしょう。僕の考えるフロウを言葉にすると「ビートに対するアプローチの種類」「歌いまわし」「抑揚の付け方」「ラップの展開」のような感じになります。本来の英語の意味が「流れる。流れるように動く」ですので、ラップのスピードが速い遅いではなく、いかに滑らかに流れていくか、もしくは、いかに意外性のある言葉を紡いで音にうまくのれているか、といったところでしょうか。

「話しを聞かせるコツ」は、フロウを自分のものにできるか否かがカギとなります。話す際のトーンであったりテンポであったり、どこを強調するのか、どこに感情を入れるのか、どこで区切って息継ぎをするのか……すべて、フロウを習得すれば簡単に使いこなすことができ、おのずと話し上手になれると思っています。

ラップの魅力とは互いがリスペクトし合え、人生がポジティブになれること

僕の自己紹介ラップに

俺の名前は晋平太／ラップは俺の人生だ／レペゼンは埼玉の狭山／駅前に茶畑しかない田舎／趣味も特技もフリースタイル／他のことをするのは無理みたい／夢は1億総ラッパー計画／日本中に増やすぜカッケー奴

というのがあります。

ラップの魅力を語る前に、まず、埼玉県の狭山市で過ごした少年期について書かせてく

ださい。

今はマイクを使って相手とラップ・バトルを繰り広げていますが、幼少期は口ゲンカよりも先に手が出てしまう（褒められた話ではないですが……）、いわばガキ大将タイプでした。当時は地元の環境も悪く、Ｚｅｅｂｒａさんの「悪そうな奴は大体友達」と同じく、周りはいわゆるヤンキーが多いエリアだったのです。

そんな状況を見かねた親の勧めもあり、中学進学とともに、僕は東京の私立の学校に行くことになりました。最初は東京の学校になじめず、今思い返しても憂鬱な毎日でした。しかしある日、１人の友人との出会いが、僕の人生を変えます。その友人こそが、僕に日本語ラップを教えてくれた人物でした。

彼との出会いによって、Ｚｅｅｂｒａさんやライムスターなど、日本語ラップの黎明期を支えた皆さんが一堂に会した日本で初めての大規模なヒップホップ・イベント「さんピンＣＡＭＰ」のビデオを観たり、ＣＤを聴いたり、もちろん、格好もマネをしたり、たどたどしかったですがリリックを書いてみたり……毎日のすべてがヒップホップ一色になったのです。

どうしてそこまでラップに憑りつかれたのか。思い返すと、やはりテレビの画面の中や雑誌に載っているラッパーたちに〝自由〟を感じたからにほかなりません。

その後、大学生になり、本格的にラップをやり出したときも、初めて目の当たりにしたMCバトルの激しさや、ステージを大きく動き回ってオーディエンスを煽るパフォーマンスなどを見て、改めて「枠にはまる必要はないんだ」と自由を感じられました。また、個性がないラッパーは必要がないということも大いに学びました。僕がどうして今でも現役で活動できているのかを考えると、やはりフリースタイルに特化してきたという個性があったからだと思っています。

音楽的なカルチャーの側面の魅力ももちろん大きいですが、そういった十人十色の自由な個性に刺激を受けたり、共感したりすることで、お互いがリスペクトし合え、人生がポジティブになれるということが、ラップの魅力だと感じています。

では、そのラップの魅力の虜となった僕が、いったいどのようなことを身につけ、学べたのか。具体的にお伝えしていきましょう。

まず**「自分が思っていることを相手にストレートに伝えることができる」**ようになりました。僕が主戦場としているMCバトルでは、決められた小節内でしかラップができないので、そこでいかにコンパクトにまとめて言いたいことを言い、かつインパクトを放つかがカギとなります。そういった緊張感の溢れるバトルを繰り返すことで、次第に言葉選びや言い方、韻を踏んでインパクトを強くするなどのスキルも身についてきます。限られた時間や文字数で自分の主張をしっかりと伝える術を磨くことができるのは、ラップの大いなる魅力と呼べます。

また、ラップに触れることで**「自分の欠点や弱さを客観視できるようになる」**点も、忘れてはならない要素であり、魅力です。

MCバトルは基本的にはディスり合い（ののしり合い）と言ってもいいと思います。はたから聞けば「なんてひどいことを言われているんだ」と感じる人もいることでしょう。ですが、ラッパーはどんなにディスられても、心が折れることはありません。なぜなら**「自分の弱点を客観的に見ることができている」**からです。ラッパーは、それだけ己のことを知っているのです。視野が広がったり、変わった視点から物事をとらえられるようになれるのは、日常でも大事なことですよね。

そして、ラップを通してすごく**「度胸がつき、タフになれた」**ことも感謝しています。マイク一本でステージに立ち、大勢の観客の前で相手と対峙しラップをすれば、おのずと度胸がついてきます。また、地元を背負って参戦している大会や、アウェイでのMCバトルなどは、さらにプレッシャーがかかり、逃げ出したくなることもありました。

今では、講演などで人前で話す機会も多いですが、まったく物怖じせずに自信満々で伝えたいことを伝えることができているのは、オーディエンスの前でディスられ続け、それに応えて間髪入れずにディスり続ける、MCバトルのステージに立ってきたからだと胸を張って言えます。

自信を持って相手にストレートに思いを伝えられるようになると、次のステップとして、いかにして「人を楽しませるか」という欲が出てきます。

MCバトルの現場では、対戦相手の真正面から対峙し、自分の言葉で打ち負かすことがすべてですが、プロとして忘れてはならないのが、一種のエンターテインメント・ショーとして観客を楽しませ、盛り上げることができたか、ということです。

独りよがりではなく、サービス精神を持ってステージに立たないと、その場は白けてしまいます。ラップは人を打ち負かすこともできますが、大いに楽しませることもできるというのは、魅力以外の何物でもありません。また、空気を読み、場を和ませようとする姿勢は、ビジネスの現場、たとえば会議の場面などでも非常に重要なことだと思います。

先ほど、独りよがりではいけないということを書きましたが、ラップを始めて「**コミュニケーション能力が高まった**」と痛感しています。

MCバトルは、相手とのコミュニケーションで戦うバトルと言い換えられると思います。

相手の話（リリック）を聞き、それに応えるためには、人に対する観察眼や洞察力を高めることは必須です。相手をディスるにしても、きちんとしたリスペクトを持って、相手を尊重し、コミュニケーションを取る必要があるのです。ちなみに僕の場合、ラップを通じて高まった観察眼や洞察力は、たとえば人を褒めるときなど、日常生活でも大いに役に立っています。

そういった何気ない日常生活のなかで、相手とのコミュニケーションを図る際にも、とても**「ボキャブラリーが増えた」**と実感しています。

ＭＣバトルで勝ち抜くには、語彙力（どれだけ多くの単語の知識を知っているか、そしてどれだけ使えるのかという能力）がとても大事です。僕はことわざを覚えたり、面白い響きの言葉をメモったり、楽しみながらボキャブラリーを増やしてきました。また、実際に口に出して、音として耳で聞くことで、言葉というものはインプットしやすくなると思っています。

僕は人からよく「ナルシスト」と言われます。否定はしません。僕は自分が大好きです。

ラップを通じて学べること身につけられること

・自分が思っていることを
相手にストレートに伝えることができる
・自分の欠点や弱さを客観視できるようになる
・度胸がつき、タフになれる
・コミュニケーション能力が高まる
・ボキャブラリーが増える

そう言い切れるのも、ラップと出会い、その魅力にとりつかれ、自由に生きてきたからでしょう。僕が何よりも大事にしてきたのは「まずは自分自身が楽しもう！」という姿勢です。嫌なことがあっても、そのことをラップにして楽しむと、自然と忘れられる……ネガティブをポジティブに変えることができる魔法の薬、それがラップなのです。

そして、僕がラップをやっていて、一番感謝し、ありがたく思っていることが、たくさんの素晴らしい仲間と出会えたことです。彼らは何物にも代えがたい財産と言えるでしょう。最近は、公園や広場などでラッパーが集まり、フリースタイル・ラップをし合う「サイファー」も多く開催されていて、SNSなどを通じて参加者を募ったりもしています。そういった現場に足を運ぶことで新たな出会いがあると思いますし、何よりも同じラップを愛する者同士、仲間の輪が広がるのではないでしょうか。

そんな仲間たちに感謝の気持ちを伝えやすくしてくれているのも、またラップなのです。ディスるだけではなく、「ありがとう」という思いを伝えることができる……これもラップの最大の魅力の1つでしょう。地元や仲間、そして家族を大事にし、言葉に出せば恥ずかしいような感謝も、ラップにのせれば簡単に伝えることができます。たどたどしくても大丈夫！　ポジティブな想いをラップにのせて相手に伝えてみてください。

言葉の伝達力が増す強調のテクニックとしての「韻」

ラップはどうして韻を踏むのか？

これには、残念ながら明確な答えは僕にもわかりません。しかし、ラップでなくても、たとえば時代をさかのぼり、過去の詩や漢文などを見てみても、「韻を踏む」というテクニックは用いられているのです。

僕の持論ですが、おそらく、人間本来のDNAのなかに、韻を踏むことでリズム感が出て読みやすくなったり、言葉に出したときに耳障りが良かったりすることへの「心地良さ」が刷り込まれているのではないかと思っています。

その昔、日本語ラップの創始者たちの歌詞をひも解いても、皆さん、みごとな韻を踏んでいます。だからこそ、そのリリックは、すごく心の奥にまで入ってくるし、なかなか忘れることができないようなインパクトを放ち続けているのです。

たとえばKダブシャインさんの楽曲「ラストエンペラー」に

自分が自分であることを誇る／そういうヤツが最後に残る

という歌詞があります。

これを「自分が自分であることを誇りなさい、そういう人が最後に残るんです」と言われても、まったく受け取り手側のインパクトや、心に刺さる程度は変わってきます。

先ほども書きましたが、僕の自己紹介ラップを見ていきましょう。

俺の名前は晋平太／ラップは俺の人生だ／レペゼンは埼玉の狭山／駅前に茶畑しかない田舎

これを「僕は晋平太っていいます。狭山という茶畑しかない田舎から出てきました。人生をかけてラップをやってます」というふうにしても、面白味も何もないですよね。

このように、普段、何気なく使っている言葉ですが、少し意識を変えるだけで、相手への届き方や伝わり方はずいぶんと変わってくるのではないでしょうか。

ビジネスの現場ですと、当たり前ですが、会議での発言やプレゼンのシーンは敬語が多くなると思います。その際に語尾の「です」と「ます」を意識して使うだけでも、韻を踏めているので、そのコメントのリズムがよく聞こえるようになります。

ちなみに、この語尾に韻を持ってくる手法を「脚韻」といいます。韻にもいくつかの種類があるのですが、最もオーソドックスかつ、インパクトが生まれる手法ではないでしょうか。先ほどの自己紹介ラップでも、脚韻を踏むためにあえて倒置法にして独特の語順を作っていることにお気づきと思います。

一方で、頭で韻を踏みアクセントをつける手法を「頭韻」と呼びます。こちらは、僕がやっているフリースタイル・バトルのステージなどではあまり用いません。というのも、やはり脚韻に比べると、観客の印象に残りにくいからです。

また、一文字の母音だけを連続させてリズム感を出す方法もあります。僕が実際にバトルで用いたことがあるのがこれです。

1位と2位じゃ地位が違うし／2位でいいならば一生ビリ／1位でも2位でもいいならどうでもいいし／2位じゃヤだから1位の地位まで位置について用意

スピードとリズム感が生まれますので、スキルの見せどころですし、オーディエンスも大いに沸きます。

先ほど、過去の詩や漢文でも「韻」というテクニックが使われていると書きましたが、会議やプレゼンの場では、発言だけではなく、パワーポイントなどで作った文字や図を中心とした資料をスクリーンに映し出してアピールする場面も多いと思われます。そういった資料で用いる文章も、だらだらと同じようなことを繰り返し書いていても、相手には伝わらないし、心の奥にまで入ってきません。今一度、自分で作った資料を見直し、重複しているような箇所や無駄な箇所をリライトして、コンパクトにすれば、より〝インパクト〟が生まれるはずです。

発言の準備や、資料の調整が済んだら、もちろん、プレゼンの前日などはシミュレーションを行うことも大事です。僕もMCバトルの前日などは、「俺がこう言ったら、相手はこう返してくるだろうから……」というシミュレーションにかなりの時間を使います。一見すると、リビングのソファでボーっとしているだけに見えますので、真剣に仕事（ラップ）に向き合っているように見えないのが玉にきずですが……。

MCバトルでも、プレゼンでも、一番怖いのはやはり準備不足。これを怠ると、思いもよらないところを相手に突かれると、あたふたしてしまい、いいパフォーマンスはできません。せっかく、頑張って準備した「韻」を意識した発言や資料が水の泡となってしまいますので、ご注意ください。

パンチラインとはその人の代名詞であり、人々に深い印象を与える言葉

最近、テレビなどを観ていても、非常によく聞くワードに「**パンチライン**」というものがあります。もともとは、ジョークの「オチ」を意味する言葉なのですが、僕の解釈は「グサっと刺さる一節」「記憶に残るセンテンス」です。皆さんも知る僕の思うパンチラインの例を挙げてみましょう。

小泉純一郎「感動した！」

IKKO「どんだけぇ～！」

武田鉄矢「僕は死にましぇん！」

いかがでしょうか？

あえて、日本語ラップのパンチラインを外し、皆さんにもおなじみの著名人の言葉を挙げてみました。おわかりかと思いますが、すべてに共通して言えるのは「多くの人がその人のモノマネをするときに用いる言葉」ということです。パンチラインというのは、その人の代名詞。ワードが強烈で、世間の皆さんの頭と心の中に印象に残っている言葉ということなのです。

僕にもパンチラインがあります。その昔、あるMCバトルでのことです。

案じたりしない俺は常に挑戦者／晋平太 轢き殺してやる戦車

相手のフロウを模倣しながら返したのがこれです。

その戦車／拙者が運転者

これも、自分で「はい、これが俺のパンチラインなんでよろしく！」と触れ回るようなことはしません。その後、漢a.k.a.GAMIがこの「その戦車／拙者が運転者」を面白おかしくイジり、それが浸透していつしか僕のパンチラインとなっていったのです。

小泉純一郎元首相も、この言葉を流行らそうと思って、2001年の貴乃花の優勝を称えたのではないと思います。その後、あまりにも強烈だったこのワードが独り歩きし、そこに小泉元首相の独特のキャラクターがついて来て、それを皆が口々にマネをすることによって、あの忘れがたいパンチラインが生まれたのだと思います。

そう考えると、知らず知らずのうちに、あなたにもすでにパンチラインはあるかもしれません。

たとえば、家族に「お父さんのモノマネをしてみて」と聞けば、奥さんや子どもたちは、あなたの動作や発言を大袈裟に摸してみせると思います。その中で出てくる何気なく使っている日常の言葉が、パンチラインになっているということです。

もちろん、家庭内と会社とでは、キャラクターが多少変わっている人も多いと思います。そういうときは、マンガ『クッキングパパ』に出てくる田中一のようなキャラクターの部下（要は、お調子者で憎めない奴）に「ちょっと俺のモノマネをしてみろ」と言ってみる

パンチラインは名言でなくてもいい

パンチライン

≒

モノマネするのに
使い勝手がいい言葉

といいでしょう。

　こうして、家族から、部下からのモノマネを通して、自分のパンチラインを知ることになるのですが、相当傷つく可能性ももちろんあります。知らず知らずに使っているからこそ「俺、普段、こんな寒い感じなのか……」と気づかされることになりかねないからです。

　しかし、裏を返すと、パンチラインはナチュラルに出てくるワードが一番強かったりします。逆にパンチラインを作ろう、流行らせてやろうと狙って放つと、余計に〝寒い結果〟を招くことになるのです。

　パンチラインというのは結局、「何かいい

ことを言っている」や「名言」ではなくても、いかにそのキャラクターに合っていて、モノマネされる際に使い勝手がいいのかに尽きると思います。人のギャグや名言を盗んで、それっぽく会話の中に紛れ込ませても、自分のキャラに合っていなければ、誰にも響くことはないのです。

一番重要なことは、やはり「自分のキャラクターを知る」ということでしょう。

そうすることで、やっとわかった自分のパンチラインの使い方にも広がりを見せることができると思いますし、そのワードをより輝かせることもできると思います。

さらに、今まで知らなかった自分を知るチャンスにも繋がります。〝皆は知っている（気づいている）が、自分だけが知らない自分〟を知ることは、後に詳述しますが、MCバトルにおいても重要な要素の1つなのです。これを知ることで、より精神面が強固になり、ちょっとやそっとのディスでは心は折れることはありません。

パンチラインがわかれば、あとは使い方です。

ラップでいうパンチラインもそうなのですが、大事なのは「どこに入れ込むのか」ということ。僕の場合、一番大事な冒頭の1小節目にパンチラインを持ってきたら、しばらくは無難な攻め方をして、4小節目でさらに畳みかけるようにします（長いバトルの場合は、さらに8小節目でも入れたり）。要は、いかに相手に、周囲にインパクトを残せるのかという〝決め所〟が大事なのです。

部下に説教をするときでも、会議で発言する際でも、自分のパンチラインを上手に用い、さらに決め所を作っておいて、バシッと刺さるようにする……もちろん、先ほどお伝えした事前のシミュレーションだけは徹底してください。

鋭く尖ったほうがよく刺さる！ 広告やキャッチフレーズに見るライムとパンチライン

最近は「コンプライアンス」という言葉が横行して、僕たちのような〝言葉を使ってパフォーマンスしている表現者〟にとって、とても気を使う機会が多くなりました。

一昔前までは普通に使えていた表現も、今のご時世ではアウト……ということはたくさんあります。

時代の流れで言いますと、マンガに関しての表現方法もそうではないでしょうか。僕は『白竜』（原作：天王寺大、作画：渡辺みちお）というヤクザマンガが大好きなのですが、なかでも揉め事が起きたときに放つ主人公、白川竜也の「この一件、私が仕切らせていただきます」というセリフが印象的で、まさに〝パンチライン〟といった感じでシビレさせてくれます。設定がすでに〝ヤクザ〟ですので、長い連載のなかで、表現にも非常に気を使われてきたのだろうなと、容易に想像ができます。

僕の個人的な印象ですが、映画やドラマ、マンガの表現に加えて、広告のキャッチフレーズなどを見ていても、やはりコンプライアンスがまだまだ緩かった一昔前のもののほうが刺さると感じています（もっとも、僕がまだ多感な年齢だっただけかもしれませんが……）。

たとえばこれ。

24時間戦えますか（1988年・三共〈現・第一三共ヘルスケア〉の栄養ドリンク「リゲイン」のCMソング「勇気のしるし」で有名なフレーズ）

今の時代ですとアウトだと思います。

コロナ禍もあり、リモートワークなども加速している〝働き方〟の変化に、まさに逆行しているキャッチフレーズですよね。
また、これは現代でもアウトではありませんが、このコマーシャルで初めて「韻（ライム）」を意識された方も多いと思います。

セブンイレブン／いい気分（1978年。セブンイレブンのCMで長年使われた印象的なメロディに合わせたフレーズ）

こういった、いわゆる流行語大賞に選ばれそうなパンチラインも、もう出尽くしている感があります。また、冒頭でお伝えしたコンプライアンスの問題で、「どこに出しても、どこからも、誰からも文句の言われない」ものでなければいけないというハードルのせいで、余計に僕自身は、なんだか寂しいというか、物足りなさを感じてしまっているのでしょう。パンチラインは〝刺さる〟と言いますが、先端が丸いものはなかなか刺さりません。やはり鋭く尖ったもののほうが、よく刺さるものです。

フロウを意識して発言すれば
ストレートに相手に伝わる

ビジネスの場面だけではなく、日常生活においてもリズム感や間の取り方、果ては空気の読み方というのは非常に大事です。

僕も経験がありますが、後輩やスタッフの言動を見て「今、それする必要ある?」と苦言を呈したり、また、ＭＣバトルなどの現場でも、明らかに場の空気が違うのに、いきなりラップバトルを仕掛けられたり……（もちろん、そんなときは正々堂々と受けて立ち、返り討ちにしますが）。

車の運転をしているとき、へんなタイミングで割って入ってきて、車の流れのリズムが狂い、渋滞になってしまうことや、前から人が歩いて来て、こちらはどちらに避けるか前もってアクションを起こしているのに、同じ方向に向かってくる人――皆さんも心当たりはありませんか？

そういう〝リズム感のない人〟、〝間が悪い人〟、〝空気の読めない人〟は、日常においてとても悪目立ちしてしまう傾向にあります。

とはいえ、僕もぺーぺーのころには、クラブで会ったＺｅｅｂｒａさんにいきなりラップを仕掛けたこともありました。ただそれは決して悪目立ちではなく、記憶にインプットしてほしいという自己顕示欲であり、ぶちかましでした。

ラップで言うと、リズムにのるというのは、先ほども話に出て、もっとも重要と書きましたフロウです。ビートにのり、どれだけリズム良く、滑らかにライムを紡ぐか。どれだけ素晴らしいラップをしていても、肝心の音とずれてリズムが悪くなっていると、台無しですから。

たとえば「キャンドルを焚いてリラックスしよう」というリリックを、早口でまくしたてるようにラップしても、まったく世界観が合わないですよね。逆に「これから俺たちの時代がやってくるぜ！」というリリックを、甘く囁くような声でラップする奴もいません。その場のノリやリリックの内容にきちんと合わせたフロウというものがあるのです。

目の前にあるプレゼンの資料を一度声に出して読み上げてみてください。

そうすると、感情を抑えたいとき、逆に抑揚をつけたいときとでは、話すスピードやリズム、間の取り方は変わっているはずです。ラップと同じで、フロウを意識しながら発言をすれば、相手にストレートに伝わりやすくなるのです。

そして、よりわかりやすくするために、声に出して読み上げている際、ぜひとも自分の声を録音して、聞き直してみてください。

いかがでしょう？

「なんだか、間が悪いな」「この部分は無駄に文章が長いな」「話す際のリズムが悪くて内容が入ってこないな」などなど……さまざまな欠点や修正点が見えてきたのではないでしょうか？

間の悪さやリズム感の欠如に関しては、どこで区切っているかを注意してみてください。「あいうえお」でも、「あい・うえお」や「あいう・えお」と、変な個所に区切りや息継ぎが入ると、それだけで聞いているほうは気持ち悪くなります。

プレゼンや営業トークなどは、もちろん相手に話を聞いてもらってこそ成り立つことです。「自分の独り言ではなく、相手のために話している」と強く意識すれば、よりわかりやすく、気持ち悪く聞こえないように、リズムと間を大切にして話すことができるはずです。もちろん、異性を口説くときもしかりです。

文章の長さは、だいたい1小節か2小節くらいの間で収まっていれば聞きやすいかなと思います。そのなかで、繰り返しになりますが、「です」や「ます」といった韻に気を使いながら、構成してみてください。

「そうは言っても、カラオケでもリズムが取れなくて音痴だし、無理だよ」

なんて声も聞こえてきそうです。

そういう方たちは、そもそも〝リズムにのる〟ということを理解できていない可能性が高いと思っています。

今はＹｏｕｔｕｂｅでも、ラップを練習するためのビートがたくさんアップされていま
す。そういったビートを（別に好きなアイドルの楽曲でもかまいませんが）流しながら、
リズムに合わせて手を叩いてみて、また、リズムに合わせて首を振ったり、体を揺らせて
みたりしてください。

それを反復するだけでも、リズム感の悪さは改善されるものです。

ＴＰＯによって話し方、声色を使い分けることで説得力が変わる

いきなりですが、皆さんは〝自分の声〟というものに向き合ったことはありますか？

僕は「変だな」とは思いますが、自分の声をとても気に入っています。

声というのは、顔と同じでそれを受け入れて生きていく人がほとんどですし、それをどう受け入れて、どのようにキャラとして武器にしていくのかが大事だと思います。

実際に、僕はある意味で〝声〟を生業にしていますが、１００％自分自身で声を操れているかと問われると、決してそうではありません。しかし、人よりも絶対に声を意識して話しますし、テレビなどを観ていても、おのずと人の声は気になります。

自分がどんな声で話しているのかを意識することは、人に話を聞いてもらううえでとても大切なことです。

たとえば、隣にいる人に向かって、まるでグラウンドの端にいる人に話しかけるように大声を張り上げる人はいません。しかし、結構な頻度でボリュームの調整を間違っている人を見かけます。これは、自分自身がどのように声を発しているのかわかっていない人です。もっと言えば、相手のことを考えず、自分本位で話している人です。相手を思いやれば、それ相応のボリュームで会話をするはずです。

声に対する気配りは、常に意識してください。

また、テレビやラジオで「この人の声は不快だなぁ……」と感じることもしばしばあります。不快というのは、何も〝ダミ声〟や〝金切り声〟など、世間的によく言われる時に人を不快な気持ちにもさせる特徴のある声だけに限った話ではありません。先ほども書きましたが、人は〝相手を思いやっていない声〟に関して、とても不快に思います。

要は、**自分の声のことをわかっていない**のでしょう。

自分の声が高いのか低いのか、活舌がいいのか悪いのか、その声を、その場の雰囲気にフィットさせているか……気にしようと思えば、注意点はいくらでも出てきます。もちろん、誰しもが美声というわけではありません。しかし、意識ひとつで、自分の声をその場に合わせて、使い分けることはできます。

ＴＰＯという言葉があります。家でくつろぐとき、アウトドアで遊ぶとき、パーティーに出席するとき、その時々で、その場にフィットした服装をチョイスすることです。これと同じで、話し方や声質、声色も、ＴＰＯによって絶対に使い分けないといけないと思っています。

子どもに絵本などを音読して読み聞かせる際も、声の使い方が下手……というか、読み聞かせ自体が下手な人がいます。これは、その物語に声をフィットさせているか、句読点でうまく区切ったり、息継ぎしたりできているか、〝読むリズム〟のことを考えているか、などを見直すと、とても良くなると思います。

ここまで〝声〟について書いてきましたが、もちろん、これはビジネスの現場でも最重要事項です。そもそも「人に話を聞いてほしい」と考えている人は、先に書いた、話すときに〝相手を思いやっているかどうか〟を見直してみてください。

自分本位にはなっていませんか？

ここでもお勧めは、自分の声を録音して聞いてみることです。

あえて言います。

スマートフォンのボイスメモから流れてくる録音した自分の声を改めて聞くと、「なんだ、この変な声？」とショックを受ける人も多いでしょう。人の耳に届くあなたの声は、本人が思っているよりも不快で、耳障りが良くない可能性があるのです。そのことを事前に自分でつかんでいるのか否かで、発声の仕方はおのずと変わってくることでしょう。プレゼンのシーン、会議での発言、部下へのしかり方、何気ない日常会話……そして、常日頃の家族との対話など、すべてにおいて一新されるはずです。

「韻を踏む」とか「フロウがどうだ」とか、それ以前に、自分自身の声について、徹底的に向き合ってみてください。

余談ですが、声がいい人は、異性からも絶対にモテます。ダイエットで5キロ体重を減らすのは大変ですが、意識して声と話し方を整えて、印象を良くするのは、30分もあればある程度はできるはずです。仕事ができるうえに異性からモテるメソッドも同時に手に入れられる……。

どうでしょう？　声の使い方についての見直し、やる気が出てきませんか？

「アンサー」は言葉のキャッチボール 相手の話を聞くこと

僕たちの主戦場であるＭＣバトルのステージでは、「アンサー」（ラップでの返答）はたいがい「ディス」になります。ディスとは「ディスリスペクト」のことで、「リスペクト（尊敬）」の反対語です。バトルはラッパーのスキルを争う場ですので、相手より自分のほうが優れているということを誇示しなければなりません。相手の弱点や欠点を突き、「見ろ、俺のほうが上だぜ」と認められるためには、一番の近道がディスることだと思います。

ただ、相手に対して本当の意味でのリスペクトがあるからこそ、この構造は成り立っているのです。

アンサーを返すのにまず大事なことは「いかに相手のリリックを聞いているか」です。時には、「どう思ってるんだ?」と問われても「そんなの知らねぇ」と、ストレートに反応しないこともありますが、相手のリリックをよく聞いて咀嚼し、それに対してそのリリックよりもさらに上をいくリリックでの返答をわずか数秒で考えて（または反射的に）やり取りをするのがフリースタイル・ラップなのです。

もちろん、この本をお読みの皆さんの日常において、相手をディスったり、聞かれたことに「知らねぇよ」と答えたりすることはほとんどないと思います。しかし、フリースタイル・ラップの、お互いの言葉がかみ合って盛り上がっていく醍醐味は、ビジネスの場面でも活用可能だと思います。部下からの質問や相談に対してや、上司や同僚との会話において、「言葉のキャッチボール」はできていますか? 上手に「セッション」できていますか? バトルでのアンサーで、一番のポイントは、自分が一番グサッと刺さった言葉や、会場が最も盛り上がったワードに反応することです。だからこそ、相手のリリックを注意深く聞きながらも、会場の空気も同時につかまなければなりません。たとえば会議やプレゼンの場で、自分の発言に誰かからアンサーがあったとします。相手が何を言わんとしているのか、最も肝となるワードを嗅ぎ取り、それに対して的確なアンサーで答え、言葉のキャッチボールをし、相手とセッションをするのは、まさにMCバトルと同じと言えるでしょう。1つ違う点を挙げれば、先ほども書きましたが、相手があなたを口汚く罵ってくることはない、ということです。もちろん、会議の場でディスり合いになることもないでしょう（時には、そんなこともあるのでしょうか？）。

我々ラッパーも、バトルの前は「あのことを言われるかな？」と予想し、それに対するアンサーを用意しておくといった事前準備は事細かに行います。プレゼンなどの場でも、用意したスピーチや資料を見直すと「このあたりを突かれそうだな」というのが見えてくるのではないでしょうか。事前にいくつかアンサーを準備しておけば、当日の現場でしどろもどろすることもありません。

さらに、「です」「ます」といった「韻」で発言のリズム感やフロウを意識し、その場の空気を読んだ声のトーンを使いこなして、ステージに立っているつもりで、プレゼンや会議に臨んでください。

そして、この章で伝えたい「話を聞かせるコツ」に関しても、「アンサー」はとても大事になってきます。いかに相手の話を聞いて、そしてその相手の話の肝になる点を咀嚼し、相手が欲しているアンサーをきちんと答えるというコミュニケーションが成立していなければ「あいつに話しても仕方がない」となりますし、強いて言えば相手に「あいつは話にならねぇ」と感じさせてしまいかねません。そんな会話にならない人の話を、誰が聞いてくれるでしょうか？

普段の会話でも、空気が読めず、的外れな、ちぐはぐなコミュニケーションとなり、場を盛り下げてしまうような人もいらっしゃるのではないでしょうか？

今一度、相手との〝言葉のキャッチボール〟を意識しながら、これまでの自分の「アンサー」を思い返し、悪い点があればすぐに修正を行ってください。

ラップならではの返しの瞬発力を磨く訓練は日常生活の中に溢れている

ＭＣバトルは、相手のリリックをよく聞き、瞬時にアンサーを返さないと言葉のキャッチボールが成り立ちません。アンサーを返す際に、こちらのボキャブラリーは豊富であればあるほど、有利になります。もちろん、そこに「いかに韻を踏むか」という、スキルも忘れてはいけません。

僕も最初のうちは、気になった言葉や時事問題やニュースで飛び交っている話題のある言葉、流行語などを母音で分解し、「この単語が出てきたらこれをつなげて言おう」といったふうに、忘れないようにメモをとっていました。そこにフリとオチを加味して、1つのストーリーになるように、リリックを紡ぐのです。また、リリックが出来上がると、実際にそれを声に出してみることも大事で、口にした声を自分の耳で拾うことでインプットもしやすくなりますし、どういったリズムがハマるのか、見えやすくなります。

捕捉ですが、テレビや新聞で見つけ、面白く印象に残るのですが、難しくて意味がイマイチわからない言葉をネットや辞書で調べることも、語彙を増やすうえで大事なことです。

僕に限らず、プロのラッパーというのは日々、これに近いことを繰り返し行っています。だからこそ、MCバトルで間髪入れずにアンサーを返し、高速の言葉のキャッチボールを成り立たせているのです。

また、MCバトルはイマジネーションを働かせたほうが勝ちという側面もあります。いわば、連想ゲームと言いましょうか……。

たとえば、「教科書」というワードが出たとします。そこからシチュエーションを想像すれば「学校」「教室」「放課後」など、さまざまな関連する言葉が出て、さらにバトルに広がりを見せていくのです。

もちろん、こういった連想の早さや、出てきたワードで文脈を考えるスピードは、毎日の鍛錬で磨くしかありません。「シチュエーションを想像」して「ディテールを掘り下げる」ことを感覚的につかめれば、一人前のラッパーと言えるのではないでしょうか。

こういった瞬発力を磨くトレーニングは、日常生活の中でも溢れています。

僕も、移動する際など電車の中づり広告でリリックを考えたりしていました。短い文脈の中で、雑誌の記事内容やその施設がいかに魅力的なのかなど伝えたいことを端的に表しています。そんな興味をそそる広告のキャッチコピーというのは、パンチラインの宝庫とも呼べます。時事ネタや流行語も多いので、バトルでも非常に使えました。

さらに、瞬発力勝負のバトルでは、自分の馴染みのある言葉を用いるのも常套句です。

僕の場合ですと、出身地やテリトリーとしているエリアに関する情報が多かったように思います。どちらも馴染みの街ですので自分の中に蓄えている情報はおのずと多いからです。「ラップの魅力」に関するページでも少し紹介しましたが、僕の出身地は埼玉県の狭山市です。非常に田舎ですが、有名なお茶の産地ですので、そういった特徴をネタにすると、ラップの題材にもなりやすいのです。

もちろん、皆さんはプロのラッパーを目指しているわけではありませんので、僕のマネをしてラップのスキルを磨く必要はないのかもしれません。しかし、どんなシチュエーションでも、語彙力やコミュニケーション力、ウイットに富んだアンサーや瞬時の判断能力は必須。ぜひ参考にして、自分なりにアレンジして、取り入れてみてください。

己を知っているから ラッパーはディスられても 心が折れない

テレビなどでMCバトルを観て「あんなひどいことを公共の面前で言われたら、僕だったら立ち直れないよ……」と感じていらっしゃる方も多いのではないでしょうか。

もちろん、僕もラッパーである前にひとりの人間です。産んでくれた親もいますし、家族もいます。公共の電波に乗り、悪口がたれ流されるわけですから、さぞかし心が傷ついているのだろうと思われても仕方がないと思います。

しかし、ディスられて心が折れるプロのラッパーはこの世にいないと断言します。

自己認識の世界

❸ 自分も他者も**知ら**ない自分	❶ 自分も**知っ**ていて、他者も**知っ**ている自分
❹ 他者は**知っ**ていて、自分だけが**知ら**ない自分	❷ 自分は**知っ**ているが、他者は**知ら**ない自分

答えは簡単。それは、「**自分を知っているから**」にほかなりません。

僕はよく、自己認識の世界を「ジョハリの窓」を使って説明します。

1つめの窓❶は「**自分も知っていて、他者も知っている自分**」。2つめ❷は「**自分は知っているが、他者は知らない自分**」。そして3つめ❸が「**自分も他者も知らない自分**」。最後❹が「**他者は知っていて、自分だけが知らない自分**」です。

どんなにディスられても心が折れない、要は精神を強くする方法は、最後の「他者は知っていて、自分だけが知らない自分」をいかに減らしていくかということなのです。

たとえば、相手からディスられたことに対して、自分ではピンと来なくても、オーディエンスがそのラップに共感してわけば、「あ！　知らなかったけど、俺ってそういうふうに見られていたんだ！」と、そこで初めて欠点や弱点を知ることになります。

これは、相当へこみますし、心がバキバキに折れてもしかたないと思います。

ですので、この「他者は知っていて、自分だけが知らない自分」をなくしていけば、ディスられたときも「あぁ、やっぱりそこを突いてくるのね」「はいはい、背が低いのは自分でも知ってますよ」と、心折れることなく、次のアンサーへと移れるのです。ちなみに「自分は知っているが他者は知らない自分」「自分も他者も知らない自分」に関してはそれほど気にする必要はありません。誰にでも二面性というのはありますから。

自分だけ知らない自分のことを面前で言われると、致命傷を受ける可能性があります。

しかし、言われるだろうなと事前に予想できていると、しっかりとその攻撃に対してガードを固められるのです。

「他者は知っていて、自分だけが知らない自分」を減らしていくと、自分がディスられそうなことも随分と明確になってくるので、想定していたディスが飛んできたときに、より効果的なアンサーを返すことができるチャンスも多くなるのです。

こういった事前の準備や心構えがより効果を発揮するのが、アウェーでの戦いです。

もちろん、会場のほとんどのオーディエンスが僕を敵視してきます。登場するや、ほとんどのオーディエンスから中指を立てられたこともあります。そうなると、相手が何を言っても盛り上がりますし、逆にこっちがどんなアンサーをしようとも反応は鈍い。しかし、そこでオーディエンスに文句を言っても仕方がありません。どんな状況下でも自分のスキル、やってきた事前の準備、これまでのタフな戦いの経験を信じて、立ち向かうしかありません。だからこそ、己のことをいかに知っていて、どんなディスが来ても堅いガードができ、すぐに反撃に打って出ることができるのは、アウェーの場では最も重要なことなのです。

自分を信じてラップをやり続け、勝敗がつかずに延長戦までもつれ、結果、相手を打ち負かす。すると、中指を立ててブーイングをしていたアウェーの現場のオーディエンスから、盛大な拍手と歓声がもらえます。その瞬間は、本当に最高です。

また、一概に〝ディスる〟といっても、僕のなかに信念があります。

それは、「**人としてダサいと思うことはやらない**」です。

たとえば相手の家族やプライベートの暴露でディスることなどです。あまりに陰湿な方法で相手を攻めたとしても、こちらも気持ち良くありません。完全にラップのスキルでは勝ったバトルでも、こういった攻め方は会場の空気も悪くなりますので、勝ち切れなかったりすることもあるのです。オーディエンスをいかに味方につけるのかというのも、バトルでの大事な戦略です。

また、そういったダーティーなディスに関しては、言われたほうはずっと覚えていますから、いつか倍返しされる可能性もありますので、余計に注意が必要だと思っています。

ステージでは、面と向かってディスり合うわけですが、お互いに必ず必要なのが「リスペクト」です。僕も相手も、キャラクターや信念は違えど、ヒップホップやラップが好きで、同じステージで戦っている同志。最低限のリスペクトがないと成り立ちません。だからこそ、自分のなかで失礼だなと思うことは、どんなに良い韻が浮かんでいたとしても言いません。

決められたルールのなかで、リスペクトを持ってディスり合っているのをお互いに知っているからこそ、心が折れないという言い方もできるかもしれません。

ビジネスと人間形成に役立つラップ

CHAPTER 3

晋平太氏の考えるラップの柱となる4つの精神「リスペクト」「レペゼン」「リアル」「レジリエンス」。これらは、ビジネスパーソンにとっても有効な考え方なのです。

晋平太ラップの精神とメソッド　それが4つのRである　リスペクト、レペゼン、リアル、レジリエンス

この章では、ラップを知ることで、いかに人生が豊かになり、そのことでビジネスにもいかに役に立つのかということを具体的に解いていきたいと思います。

〝ラップの精神〟と言いますか、〝晋平太的ラップの精神とメソッド〟として、提唱させていただいていることがあります。それが、ラップにおいて一番大事な精神は「4R」である、というものです。

4Rとは

	R	原文	意味
①	リスペクト	Respect	尊敬する
②	レペゼン	Represent	代表する 象徴する
③	リアル	Real	現実、本物
④	レジリエンス	Resilience	柔軟性

・リスペクト
・レペゼン
・リアル
・レジリエンス

これらが「4R」になります。

どの言葉も、一度は耳にしたことがあるかもしれません。先ほど〝ラップの〜〟と書きましたが、何もこれはラップだけに限らず、日常生活やビジネスの場においても、絶対に取り入れるべき精神だと信じています。では、それぞれについて説明していきましょう。

仲間をまとめるために必要な精神
自分をリスペクトできないと
相手からリスペクトされない

まずヒップホップのカルチャーの成り立ちから説明しましょう。

ヒップホップは1970年代、ニューヨークのサウス・ブロンクスのゲットーから生まれた黒人の文化です。そのゲットー内で黒人同士が対立し、殺し合うのではなく、まったく違う視点から問題を解決できないかと始まったのが最初とされています。

コミュニティーが貧しければ貧しいほど、また、治安が悪ければ悪いほど、やはり頼れるものは自分の家族であったり、仲間しかいませんでした。

ですので、ヒップホップは仲間（クルーと呼ばれます）や家族をとても大切にします。そして、クルーのなかには様々な役割の人物がいて、1つのチームを形成しています（ヒップホップとは、主にラップ、DJ、ブレイクダンス、グラフィティで構成されています）。

そんな十人十色の個性を持っている人物が集まるクルーですから、規律を守らせないといけないときに、何か大きな指針というか精神が必要なのです。そこで用いられたのが「リスペクト（尊敬）」です。これがなければ、クルー内での物事がうまく機能しないのです。

リスペクトは、何も相手に対してだけのことではありません。自分自身に対しても敬意がなければなりません。

どういうことかというと、要は「**自分のことをリスペクトできないと、相手からリスペクトされるわけがない**」という考えです。

自分のことをリスペクトする……これは、与えられた役割や仕事、生き方や日常生活をきちんとこなしていないと、なかなかできるものではありません。逆に、これを怠らなければ、周囲からも認められ、尊敬の眼差しで見られることでしょう。

「自分のことをリスペクトできないと、相手からリスペクトされるわけがない」という考えに基づくと、周囲からリスペクトされていない人間の話など、誰も耳を貸しません。とはいえ、現実問題として、自分自身をリスペクトすることはなかなか難しいということもよくわかります。そんなときは一度、周囲を見渡してみましょう。方法を他者に求めてみるのです。たとえば、親や家族、友人関係……あなたがリスペクトしている関係性のなかで、誰かに褒められたり、褒められなくとも、普段から仲良くしてくれていたり、慕っていてくれる人はいませんか？　あなたが周囲から「必要とされている」ことがわかると、少なくともあなたという存在の価値がそこにはあります。自分の生き方が「これでいいんだ」「間違っていないんだ」と知ることで、自身をリスペクトできる道がおのずと開けるはずです。

「そんなことを言われても、自分に自信なんて持てないし、リスペクトなんてできない」

と自分自身を、どうしても好きになれない人や、自身が「変わりたい」と思っていてもなかなか思うような方向に進んでいかない人もきっといるでしょう。

これは僕の持論ですが、生きていく上で、ある意味での〝あきらめ〟は大事なことだと思っています。自分を好きになれないのはおそらく、理想が高すぎたり、その理想と比べて自分が追いついていなかったり、他人と比べて劣っていると感じていたりしているからではないでしょうか。

そんなときは、まず、自身を受け入れてみないと、前には進めません。僕は背が低いのですが、「チビだから自信が持てない」とネガティブになっていても、急に背が伸びることはありません。最近は整形手術の技術も上がってはいますが、ほとんどの人は自分の容姿を受け入れて、生きていくのが大多数です。また、容姿は変えることができたとしても、これまで生きてきた生い立ちまでは変えることはできません。

「まぁ、いいや」と**あきらめ、開き直って、自身を受け入れて生きてみる**と、案外、他者よりも優れている点が見つかることもあるのです。すべてが0点の人など、この世にいな

自分を
リスペクトできないなら

あきらめ、開き直って、自身を受け入れる

▼

そうすることで他者より優れた点が見つかる

▼

見つけた自分のいい点を掘り下げていく

▼

自分をリスペクトできるようになる

▼

人からリスペクトされる

いと思っています。その自分のいい部分を掘り下げて、磨き、より輝かせていくのです。

実はラッパーも、そんなタイプの人が多かったりします。もともと、優等生で教養もあり、人生に恵まれているという人種ではないですから。何かが足りない状態から始まったのがヒップホップのカルチャーです。ラップ用語に「セルフボースト（自己賛美／自己顕示）」という言葉があります。「俺はお前よりもこんなに優れている」「俺のスキルはここにいる誰よりもすごい」という、いわば自画自賛であり、自慢です。その背景には、自分に自信がないからこそやっているとも言えます。要は、大きく見せている。特に、MCバトルの現場などでは、委縮していれば勝てるわけがないので、自分を鼓舞し、セルフボーストによって自信満々に大きく相手に見せているのです。最初から自信があるラッパーなんて、この世にいないと断言できます。

会社の同僚でもプライベートでの仲間でも「あんな奴、誰がリスペクトしてやるものか」という感情を抱いてしまう人も、いるのではないでしょうか。実際に僕も品行方正ではありませんので、感情に任せて揉め事を起こしてしまったことも、過去にあります。

そんなときでも、とことんまで相手のことを嫌いにならないようにしてきました。「わー、面倒くさいなぁ、マジでコイツ無理だわ」という気持ちを一度でも持ってしまうと、もう取り返しがつきません。

嫌いな奴ほど「理解しよう」と近寄ってみてください。なぜ、そんなことを言うのか、なぜ、そんな行動をするのか。嫌いならば嫌いなほど相手に興味を持ち、良い部分を探してあげてください。そこを、リスペクトするのです。

僕もMCバトルでのディスでも、自分の価値基準や理想のなかで品格を持って取り組んでいますし、相手へのリスペクトの念を持ってバトルします。そうすることで、不思議と相手からもリスペクトされるのです。なかにはとんでもなくへそ曲がりな奴もいますが、それはそれで「こいつ、へそ曲がりなんだなぁ」と理解してあげて、「いいじゃん、へそ曲がり！　それはそれでアリだよ」と、寛大な気持ちで、リスペクトしてあげるのです。

日本ではあまりないですが、我々ラッパーの世界は、海外だとちょっとした揉め事が殺人事件にまで発展することがあります。

自分には親や家族、仲間がいて、当然のことながら、相手にもしかりです。リスペクトのない失礼な接し方をすると、その人の背景にいる親や家族、仲間まで負の雰囲気が広がっていき、大きな抗争にまで発展する可能性もあります。

ビジネス的に言い換えると、〝**リスペクト＝マナー**〟と言ってもいいと思います。

どんな人間に対しても、それが嫌いでも立場が下であっても年下でも、マナー良く接するようにしましょう。いつかそんな人たちが大出世し、その後にリスペクトを持って接してくれて、自分を新たなステージに引き上げてくれるかもしれません。

レペゼンとは自分がどこから来たか忘れないこと

ヒップホップを普段から聴いたり、カルチャーに接している人はよく耳にする言葉「レペゼン」。しかしながら、これまでヒップホップカルチャーに触れられてこなかった人からすると、あまり耳馴染みはない言葉なのかもしれません。

レペゼンという言葉の意味は、「代表する、象徴する」となります。それを僕の解釈で申しますと、「自分がどこから来た奴なのかを決して忘れるな」ということなのです。

そう、人は誰しもが、必ずどこかしらの〝代表選手〟です。

僕の苗字は「小林」なのですが、どこから来た小林かというと、埼玉の狭山市から来た小林です。

その小林は現在、偉そうにもこのようにラップとビジネスの本を書いております。いわばラップ界を代表し、執筆しているわけです。

というわけで、僕はラップ界を代表（レペゼン）している埼玉県狭山市の小林ということになります。もっと言えば、僕を生んで育ててくれた小林家、さらに先祖様まで遡った小林一族のレペゼン（代表選手）でもあります。

自分があるコミュニティーや家族、一族の代表選手であるということは、もの凄い責任を負っているとも言い代えられます。したがって、言動には十分に注意しないといけません。あまりに失礼であったり、いい加減な態度をとっていると、自分ばかりでなく、自分の背後にいる人々もナメられてしまうからです。

たとえば、どこかの企業に営業や打ち合わせに出向くとします。その際、あなたは会社をレペゼンしているわけです。あなたが間違った行動をとったり、相手に不快な思いをさせたとするならば、それはあなたの責任のみならず、代表選手としてその場で背負っている会社の看板も汚していることになります。会社に関しては、小さい組織ですと〝自分が代表選手である感覚〟は非常に持ちやすいですが、規模が大きくなればなるほど、見えづらくなると思います。「その社の一員であり、また、その社の代表選手としての誇れる言動をしているか?」と常に自問自答し、十分に注意しなければなりません。

また、自身の会社が誰もが知る有名企業だったとします。だからといって、「俺、あの超有名企業の代表選手なのよ」と威張ったり、大きな顔をしていると、周囲から〝ダサい奴〟とハンコを押されてしまいますので、こちらもご注意ください。

「話はよくわかったけど、今の若い社員は、定年までこの会社にいる気もないだろうし、腰掛けで働いている奴だって多いはず。そんな社員に、会社の『レペゼン』になれと、うまく説明できるかな?」

と嘆き節がそこかしこから聞こえてきそうです。そんなときは、冒頭で説明した〝自身のルーツのレペゼン〟から説いたほうがわかりやすいかと思います。家庭環境はさまざまですが、誰しもが名字があり、その背景には脈々とつながる一族があるはずです。これくらいのスケールで話すと、会社に所属していること自体が大した問題ではありません。しかし、一族を代表して、誇れる人生を送っているのか？　真剣に生きているのか？　と説くと、視点や考え方も変わりやすいと思います。

今一度人生を見つめ直し、家族や一族をレペゼンする気持ちに立ち返れば、おのずと言動は変わって来て、きっとそれが会社にとってもいい方向に向くのではないでしょうか。

話は変わりますが、僕自身、すごく後悔している過去があります。

その昔、駆け出しでラッパーをやりながら、郵便配達員として働いていた時期があるのですが、若かった僕は「レペゼン」に関して深く考えることもなく、すごくいい加減な気持ちで仕事に向かっていました。そう、郵便局をレペゼンして配達していなかったのです。その結果、周囲にすごく迷惑をかけましたし、「マジで使えねぇ配達員」のレッテルも貼られることになりました。

物事に対して一生懸命に接しない人は、居場所がなくなります。当時の僕も同様で、居場所がなくなったことで開き直り、一生懸命にできるラップの道一本を邁進することになったのですが、今でも「あの頃の俺はクソ野郎だったな」と、当時の上司や先輩、同僚には申し訳ない気持ちでいっぱいです。

ぜひとも僕のこのような後悔を部下や後輩に味わわせないためにも、わかりやすく「レペゼン」を説明してあげてください。


「リスペクト」にも繋がりますが、「レペゼン」もやはり、自分自身をリスペクトしていないと成り立ちません。

自身をリスペクトしているからこそ、代表選手としての誇りやプライドを持てるのです。

僕の郵便配達員時代に関しては、レペゼンに加えて、自身のリスペクトも全くもってできていませんでした（毎日、配達をさっさと終えてラップの練習をしたいと思っていましたし、周囲からの低い評価もあり、ネガティブな感情に苛まれていました）。

組織やチーム、コミュニティーに、自身や周囲へのリスペクトやレペゼンの精神がない者が混じると、関係性はガタガタになります。いくら大きな企業であっても、ひとつのほころびから傷が広がっていく可能性は大いにあると思っています。

僕はラッパーとして自立し、そこに少しずつ仲間が増えていく過程の中で、自分自身をリスペクトし、レペゼンを重んじて、みんなの気持ちをひとつにしないと何も生まれないということを知りました。

皆さんは、部下を叱ることはありますか？

僕は、めったに他人を叱ることはしません。相手がなにをやっても、基本的に許して、笑って過ごしています。

ただ、嘘をついたり、たとえばその嘘で仲間が貶められたり、危険にさらされたりすれば話は別です（幸い、そんなことはほとんどありませんが）。

近年は〝〇〇ハラスメント〟が多く存在し、コンプライアンス、働き方の変移……様々な要因が重なり、叱り方が昔よりも難しくなっていると聞きます。

一度、相手を叱ると（揉めると）、人間関係の修復は以前よりも困難になってきていると感じます。負の感情が先立つようになり、相手のことを心の底から本気で信用できなくなるからでしょう。

しかし、どうしても苦言を呈しないといけない場面も、ビジネスの現場ではあると思います。

そんなときも相手へのリスペクトと、相手（たとえば部下）も会社やチームの一員である前にその人の家族や一族のレペゼン（代表選手）なんだというある種の敬う気持ちを持って接すれば、叱る際の口調や用いるワードも変わってくるのではないでしょうか。

リアルとは
自分に嘘をつかないこと
自分の人生を生きること

この言葉は、日常生活で使われる人も多いと思います。

僕はリアルを「等身大であれ」という意味で解釈しています。要するに、自分には決して嘘はつくなということです。

自分に嘘をつかない。

すごくありふれた、使い古された言葉ではありますが、非常に難しいことでもあります。

そして、多少青臭く、気恥ずかしくて、なかなか本気で発言することもはばかられる言葉なのではないでしょうか。

僕のいるフリースタイル・ラップの世界に関しては、このリアル（＝自分に嘘をつかない）は、すごく問われる場面の多い事柄です。

フリースタイル・ラップをやっているときに、最も意味のないこと――それは、自分が思っていないことをラップしたり、嘘を言ったり……これは、誰にも刺さることはありません。もちろん、多少の演出や誇張は、エンターテインメントの世界には大切なことです。しかし、オーディエンスから「それ、嘘じゃん」と冷められた終わりですし（もちろん、笑いにまで昇華できれば問題ありませんが）、なによりも、バトルの相手がそんな空気をいち早く察知し、必ず次のアンサーでそこを突いてきます。

ですので、その場で本当に思っていることを口にすることがとても大事になるのです。

ちなみに、エンターテインメントの演出や誇張も、一流のラッパーになると本当に皆さん上手です。

誰もが知るＺｅｅｂｒａさんのパンチライン「悪そうな奴は大体友達」。これは、「セルフボースト（自己賛美）」しながらも、リアリティーが充満しています。たとえこれが演出や誇張であったとしても、あのイカつい容姿を見れば、誰もが「嘘とは言い切れない」と感じますから。だからこそこの一節は、あれほどのパンチラインとなったのです。

要するにリアルというのは、自分に嘘をつかず、自分自身の人生を生きて、自分のスタイルを持てということ。何かを語るときも、自分本来のストーリーを話している人がリアルなのです。

ビジネスの現場においては、自分の会社の商品を相手にプレゼンする際に、嘘をつけば大問題となります。また、いくら商品を「素敵でしょう！」と褒めたたえても、自身がリアルにそう思っていなければ、相手には届きませんし、見透かされてしまいます。

一度、真剣に自分の会社の商品やサービスに向き合ってみてください。そこできっと「もっとこうしたらいいのに」「ここが無駄だな」「俺ならこうするな」といった改善点がいくつか見えてくるのではないでしょうか。また、真剣に向き合うことで、商品やサービスの気づかなかった良い部分もたくさん見つかるはずです。

それこそが「リアル」なのです。

ぜひとも次回の商談は、自分の商品をディスることから始めてみてはいかがでしょうか。

「ここはもっと改善の余地があると思っています」「この部分はもっと向上させていくべく尽力しております」……包み隠さずに、自分が思っているウィークポイントをぜひ相手にも教えてあげてください。

そして「しかし……」と続けるのです。

「この機能に関しては他社には絶対に負けていません！」

「コストパフォーマンスはお任せください！」

自分が信じたその商品やサービスの良い点を、思いきり褒めたたえてください。

悪い点を発言する際も、良い点をプレゼンするときも、あなたの言葉に嘘偽りはありません。すべてがリアルですので、これほど相手に刺さることはないのです。

ちなみに、ＭＣバトルは、基本的にはディスり合いだと言いましたが、中には相手を褒める場面も時折あります。

非の打ち所のない、といいますか、自分よりも明らかにすごいスキルを持っていたり、フロアを湧かせていたり……。それに、相手が自分を信じてがんばっていたり、陰で努力しているのを知っていたりすると、素直にその部分を褒めてあげます。もちろんバトルですので、これも一種の戦法です。

皆さんはイソップ寓話「北風と太陽」をご存知だと思います。

基本的にディスるというのは、こちらから相手に北風を吹きまくっている状態だと言い代えられます。当然、相手のガードは固くなっていく一方です。それが虚を突いて、相手を認め、褒めてあげると、まるで太陽に燦燦と照らされているように、不思議とガードが下がってくるのです。また、相手のファンも、同時に不意を突かれます。これまでディスり合っていて、「さぁ、次はどんなエグいアンサーが来るのか」と待ち構えていたら、いきなり褒めてくるのですから。

自分の好きな相手を褒められて嫌な気持ちになる人はいないでしょうし、「こいつ、わかってんじゃねーか!」と相手のファンをも味方につけることができます。

僕もこの戦法で、バトルに勝利したことは数え切れません。

しかし、男の人って、あまり他の人を褒めないですよね。別に媚びへつらうという意味ではありません。リアルにそう感じたら、口に出せばいいのに……と残念に思うだけです。「いい靴を履いていますね」「その服、カッコいいですね」、何でもいいと思います。相手をリスペクトしているということにも繋がりますが、自身がそう思ったのならば、その言葉は、嘘偽りはなく、リアルなものなのです。

誰でも褒められればうれしいし、褒められたことは非常によく覚えているもの。僕も時折、若いラッパーから「晋平太さんに褒められたから、その言葉を胸に頑張っています」なんて言われることがあります。僕の言葉がリアルな分、すごく相手に刺さるのです。

会社ならば、部下に対する接し方でしょうか。

部下の言動を見ていて、少しでも「おっ!?」と光る部分があれば、それを口に出して褒めてあげる。

そうすることで、褒められた部下は、いつまでもそのことを覚えていますし、そこをより伸ばそうと奮闘するはずです。

営業先でも、ＭＣバトルでも、リスペクトを持って相手と接し、お互いにリアルな言葉でやり取りをすれば、必ず〝名勝負〟が生まれます。逆にリアルではない（自身に嘘をついて生きている）場合、どんな場所で、どんな仕事に就こうとも、絶対に大成はしません。冒頭で書いた通り、乗り気ではないことに自分を偽って相手にプレゼンしても見透かされるだけですし、時間の無駄です。

皆さんは「リアル」に生きていますか？

レジリエンスとは現代社会で生きていくための必要な精神的な打たれ強さ

最後の「R」。それが「レジリエンス」です。

「リスペクト」「レペゼン」「リアル」と比べると、あまり馴染みのない言葉なのかもしれません。もともとは「ストレス（外力による歪み）」と対を成して使われる物理学の用語でしたが（レジリエンスは外力による歪みを跳ね返す力）、最近では心理学やビジネスの現場において用いられることも多いようです。

この言葉が世間に広がったのは、ある研究者の、第二次世界大戦下のホロコーストで孤児になった子どもたちを追跡調査する過程でのことだそうです。日本では、2013年に、安部内閣が災害に負けない国づくり「ナショナル・レジリエンス」（国家強靭化政策大綱）を発表したことで、知られるようになりました。

レジリエンスの意味は主に「柔軟性、弾力、復元力、回復力」などがありますが、僕の解釈はズバリ「打たれ強さ」です。

もちろんこれは、ボクサーや格闘家のように、身体的なダメージを克服、緩和するといった意味の「打たれ強さ」ではありません。メンタルの話です。普段生きていて、なかなか他人から拳や凶器で殴られることはありません。しかし、言葉の暴力や、最近ではSNSを中心とした匿名での誹謗中傷など、メンタル面でダメージを負うような場面は、そこかしこにあります。

この現代社会、レジリエンス（＝精神的な打たれ強さ）は特に重要なのです。

CHAPTER2で「なぜ、ラッパーはどれだけディスられても心が折れないのか」とご説明させていただきました。あのマインドこそ、レジリエンスなのです。

精神を強くする方法は、「他者は知っていて、自分だけが知らない自分」をいかに減らしていくかということと説きました。結果、それが「己を知ること」に繋がるのだと。

これにひとつ付け加えるとするならば、「己の精神を守れるのは己だけ」という感じでしょうか。

僕がこのメンタルを手に入れることができたのも、ラップのお陰です。毎回、MCバトルでステージに立ち、観衆の前でディスられ続けることで、随分とメンタルは鍛え上げられました。「罵られてるんだもん、傷つくのは当たり前！」と、ある意味で腹をくくれているのです。

包丁で指を切れば、痛くて血が流れて傷つくのは当たり前ですよね。それと、考え方は同じです。痛いのは当たり前。時には、心の傷が完全に癒えるまで数日を要することもありますが、それも当たり前。鋭利な刃物で突かれるように、尖った言葉の応酬の最前線にいるわけですから。

レジリエンスを手に入れた僕からすれば、ＳＮＳ上の僕への誹謗中傷も便所の落書きのようなものです。もちろん、できれば見たくはありません（自分からエゴサーチするようなことはありません）。しかし、周囲から余計なお世話で教えてもらったり、たまたま目にすることだってあります。そんなときも、やり方の汚い匿名の暴言にいちいち付き合っていられないし、本気で受け入れる価値などないとスルーできます。

近年、ＳＮＳの言葉の暴力を苦にし、自ら命を絶つような事件も多いですよね。余談ですが、たとえば芸能人というのは、自分自身のリアルとかけ離れざるを得ない部分があるのだと感じます。本当の自分とはかけ離れたイメージを企業、役柄、そして世間から求められる場面も多々あります。その点、ラッパーは彼らとは真逆と言えると思います。ラッパーは自分の人生を語り、レペゼンしているからこそ、とことんリアルである必要があるのです。

〝ラブ＆ヘイト〟などとよく言いますが、憎まれているのなら、必ず愛してくれている人も大多数いるものです。芸能人でも一般人でも、若くして自ら命を絶つといった残念で悲しいニュースはもう二度と聞きたくありません。そのためにも、レジリエンス（＝精神的な打たれ強さ）はすごく大切なのだと、最近、特に思っています。

だからこそＭＣバトルでも、言葉の選び方にはとことん気を配っています。何回も書きますが、いくら「このディスは相手にもオーディエンスにも刺さるだろうな」といったアンサーを思いついても、相手の致命傷になり得るものだと選択しません。そんなカッコ悪い勝ち方は、僕の美学やスタイルに反するからです。

皆さんも何気ない日常の会話で用いる言葉が、相手を知らぬ間に傷つけている可能性があることを改めて気に留めておいてください。

ビジネスで、より精神的な強さが求められるのが、飛び込み営業などの場面でしょうか。それこそ、僕がＭＣバトルでディスられるのを「当たり前！」と捉えられているのと同じように、邪険に扱われて断られることが「当たり前！」の世界。**要は〝覚悟〟の話**なのです。「1個でも売れればラッキー」くらいの気持ちで臨めば、精神的にも随分と楽ですよね。考えてみてください。家でくつろいでいる時に突然インターホンが鳴り、出てみたら勧誘や営業だった……という経験はあると思いますが、あなたはどのような対応をとりますか？　玄関を開け、お茶でも出しながら、じっくりとその人の話を聞くようなことはないと思います。

また、プレゼンや会議で、参加メンバーの面前で上司からボロカスに罵られるようなこともあるかもしれません。

それはプレゼンに挑む事前準備が足らなかったのではありませんか？　僕たちラッパーもステージに立つ前は、じっくりと緻密にシミュレーションするのは必須です。「ここを突かれるだろうな」ということを事前に準備していると、それをガードする術を用意でき、心が折れずに戦い続けることができるのです。

そもそも、最初からメンタルの強い人間などこの世にはいません。
そう、だれもが皆、心はガラスのようにもろいのです。

不思議なもので、人間というのは、１００回褒められたことよりも、一回の悪口が気になる生き物です。

悪口や罵られたことを引きずり、思い悩むのはなにも変なことではありません。誰でもそうです。別に弱い人間ではないのです。しかし、それを開き直って受け入れることも重要だと思います。

では、どうすれば強固で打たれ強い精神、レジリエンスを身につけることができるのか。

残念ながら、これは、筋トレと一緒だと僕は思っています。来る日も来る日も、ステージでディスられ続けるような〝反復運動〟を続けるしかないのかもしれません。

最近は、駅前や公園などでサイファー（複数人が輪になって即興でラップをすること）を行っているコミュニティーもたくさんあります。メンタルを強固にするために、一度、MCバトルの場に出向いてみてはいかがでしょうか。

容姿やキャラクターだけではない人に良い印象を与えるフロウを試みる

僕はライブ会場やクラブ、打ち合わせや取材……いろいろな場所で、さまざまな人と出会う機会が多いのですが、よくあるエピソードが突然、後ろから声をかけられ「覚えていますか？　去年、渋谷のクラブで……」などと言ってくる人種が一定数いることです。そんなときは「いや、覚えてないわ」と答えるのが精いっぱいです（現に、覚えていませんので）。

仕事柄、おそらく一般の方よりも出会いというものは多いと思います。ですからクラブなどでのちょっとした〝すれ違い〟のような出会いまではなかなかインプット仕切れていません。

しかし僕は「ごめんなさいね」と、相手に謝る気はありません。

それは、なぜか。彼らのように〝覚えられていないほうが悪い〟と思っているからです。インパクトのある人ならば、おのずとこちらも覚えることができます。また、キャラクターの立っている人の話は、不思議とスッと入ってくるものです。まずは相手に覚えてもらうことを意識し、話をするきっかけをつかむ……それを怠ると、話し方以前に、大切な時間を費やしてまで、知らない人の話を聞いてくれることなどないのです。

「そんなことを言われても、特にキャラ立ちもしていないし……」

嘆く前に、まずは目の前にあるお茶の入ったコップを、アクシデントに見せかけてひっくり返してみたらいかがでしょうか。そんな些細なことでも「あぁ、初対面の時にお茶こぼしてパニくってたアイツじゃん！」とインプットされるきっかけになるのです。ドジな失敗談でも、覚えてもらえているだけマシです。そして、印象に残るというのは、容姿やキャラクター、アクシデント的な要素だけではありません。

僕がけっこう気になるのが〝話し方〟です。「この人、もったいないな」と悪い印象を受けてしまい、そのイメージのままインプットされている人も大多数います。

ＣＨＡＰＴＥＲ２でも少し触れましたが、やはりリズム感や間の取り方。そう、フロウです。

「ここはもう少しゆっくり目に話して、相手にじっくり話を聞かせるようにしたほうがいいのに」「いやいや、この流れだとまくしたてるように早口で言わないとしらけるじゃん」など、せっかく相手のことを覚えて、話を聞く態勢ができたのに、一番肝心な話し方で大失敗……なんてことも多いのです。極端な話、ラップは早口で何を言っているのかわからなくても、場は制圧できますし、そういったスピード感のあるほうが、単純にカッコ良かったりします。

しかし、肝心なプレゼンの場などで、このチョイスを間違えてしまうと、「で、結局、何を言いたかったの？」と、完全に失敗に終わってしまうことでしょう。

まずは、人に与える印象を意識して、覚えてもらえるように工夫や努力をしてみましょう。そして人に話を聞いてもらえる準備ができたなら、良い印象を与えるフロウを試みるのです。もちろん、事前準備やシミュレーションも怠らずに！

その昔、まだ僕が駆け出しのころ、クラブでたまたまお見かけしたＺｅｅｂｒａさんに、いきなりフリースタイルを仕掛けたことがあります。その時は僕も必死で、食らいつく思いで仕掛けたのですが……Ｚｅｅｂｒａさんは、この時の失礼な僕の印象をどのように思ってらっしゃるでしょうか……。

怖くてとても聞くことができない（また、知りたくない）、まさに若気の至りというべきエピソードの１つです。

ラップを実践する

CHAPTER 4

実際にラップのするうえで、知っておきたいリリックの書き方やリズムののり方などのコツを晋平太氏がレクチャー。ぜひマスターして、ラップで自己紹介してみましょう。

プロフィールをもとにリリックを書き、親睦会や飲み会で自己紹介ラップをしてみよう

親睦会や飲み会、新年会に忘年会……サラリーマンの方々にも〝一芸〟を披露する機会があることかと思います。そんなときに、肩ひじ張らず、涼しい顔をしてラップができれば、カッコいいと思いませんか？　この章では実践編として、ラップの上達法をご教示させていただきます。

ラップをやる上で、一番とっかかりやすいのが自己紹介です。

前の章でも触れましたが、僕の自己紹介ラップがこちらです。

俺の名前は晋平太／ラップは俺の人生だ／レペゼンは埼玉の狭山／駅前に茶畑しかない

田舎／趣味も特技もフリースタイル／他のことをするのは無理みたい／夢は1億総ラッパー計画／日本中に増やすぜカッケー奴

見ておわかりのとおり、名前や出身地、現在やっていることや将来の夢を簡潔にまとめ、かつ、「韻」をきちんと意識しています。

もちろん、いきなりキレイな韻を踏めるわけではありません。あまりそこは気にせずに、ビートにのせて、リズムに合わせて話してみるところからで大丈夫です。音源は、Ｙｏｕｔｕｂｅなどでフリースタイル・ラップ用にたくさんアップされていますので、ぜひともご活用ください。

まずは、自分のプロフィールを簡単にノートに書き出してみましょう。

「名前」「出身地」「性格」「こんなことをしている（仕事や趣味）」「好きなもの」「座右の銘」「将来の野望」などなど……履歴書の項目を埋めるように、自己紹介ラップに盛り込める要素を箇条書きでも構いませんので、できるだけ挙げてみてください。

それをもとに、よりアピールしたい要素をピックアップしていきます。それを入れ替えたり、言葉を替えたりして、よりラップらしく仕上げていくといった感じです。

覚えておいてほしい簡単なテクニックとしては、〝フリ〟として1小節目で「自分の名前や仕事などの情報」、次の2小節目の最後の言葉で韻を踏んでオチをつけるというものです。

たとえば、1小節目の最後の言葉が「サラリーマン」でしたら、2小節目の最後は「朝昼晩」にする、などです。また、無理に韻を踏まなくても、言葉の意味を取って、文章や歌詞（普通の歌謡曲）のように続けていくパターンも大いにアリです。

ちなみに自己紹介ラップに限らず、「韻を踏む」「言葉（文章）の意味を取って、つなげる」という2つのパターンを覚えておけば、あらゆるラップに応用が利きます。

当たり前ですが、いきなり上手にできるわけがありません。最初は誰かのマネから始めるのがセオリーです。慣れてくれば、そこに自分の個性が現れてくるものです。最初は4小節くらいの長さの自己紹介ラップを作ることを目標としましょう。

この「小節」というのを、Ｚｅｅｂｒａさんの「俺は東京生まれＨＩＰ ＨＯＰ育ち／悪そうな奴は大体友達」を引用してわかりやすく解説しますと、「俺は東京生まれＨＩＰ ＨＯＰ育ち」までが一小節となります。

ヒップホップのトラック（ＢＧＭ）で、リズムを刻んでいるのはだいたいドラムです。それを注意して聞いてみると「♪ズンズンチャン　ズンズンチャン」と叩いていると思います。そのドラムに合わせて「1、2、3、4……」とカウントしてみてください。

そのカウントで8つに収まるように作れば、2小節となり、先ほど申しました「フリ」と「オチ」が完成できると思います。

これを2回繰り返せば4小節となります。まずは、そこを目指して作ってみましょう。

ラップを作るうえで重要なのが、リリックを「口に出しながら書いてみる」というものです。無理に韻を踏む必要はありませんが、よりカッコよく見せたいならば、もちろん踏んだほうがいいでしょう。その際に、母音や文字数が多少合っていなくても、言い方の工夫ひとつで、特に気にならず〝それっぽく聞こえる〟こともあります。ですので、ぜひとも口に出しながら、いろいろとアレンジしてみてください。

さらにそれをビートにのせて行うと「あれ、思っていたよりもダサい……」「さっきより断然カッコいい！」と、たくさんの気づきがあるはずです。それを実感することが、上達への近道でもあるのです。

練習用のビートは、あまり遅いものよりも少しくらい速いほうがいいでしょう。そのほうが、音楽にのせて言葉をつないでいく練習にもなりますし、遅いものにのせると、初心者がただ単に喋っているだけのように聞こえかねません。

ＢＰＭ（1分間に何泊の音が鳴っているのかを示す単位。一般的には60以下だと遅く、１３０超えくらいだと速いとされる）ですと、90くらいがいいかもしれません。

さらに、モチベーションを上げる意味でも、最初にＭＣネームを考えておくといいでしょう。

ちなみに僕の本名は「晋平」ですが、昔からのあだ名であったことと、座りがどうも悪いので「晋平太」としました。座りが悪いというのは、晋平の「い」で終るより、晋平太の「た」で終わる方が、強い言葉を重ねやすいという意味です。

しかし、これはまさに諸刃の剣。韻を踏みやすい名前にしたからこそ、相手からもディスられやすく、これまでも「晋平太／インベーター」「晋平太／ティーンエイジャー」「晋平太／小っちぇーな」などと言われてきました……。

皆さんも、自分のキャラクターにあった、イカしたMCネームを考えてみてください。練習にも身が入ると思いますよ。

自分の体験と感情をストーリーにしてリリックを作っていく

カッコいいMCネームを考え、自己紹介ラップが何となく整ったら、次のステップです。今度は、より本格的なリリックを作ってみましょう。リリックというのは要するに歌詞のことです。誰でも少なからず、言いたいことはあると思います。それを、素直に紡いでいけばいいのです。

まずはテーマとトピックを考えてください。僕もリリックを書くときは、最初に考えるのはこれです。自分はこの曲を通して、聴いてくれる人たちに何を伝えたいのか、ということです。最初は、なんでもいいと思います。「俺がどれだけヒップホップを好きか」「自分がどんな人生を歩んできたか」「ヒップホップをやるとこんないいことがあるよ」「クラブで遊んでいて楽しいこと」などなど……。それぞれのテーマに沿ってリリックを考えると、おのずとそれっぽくなってくると思います。そこに、自分ならではの体験談や感情を入れていくと、オリジナリティーが生まれてきます。

また、リリックを書く際に覚えておいてほしいのがストーリーを作るということです。「舞台はここで、こういう人たちが出てきて、こんなドラマを展開している」という物語。僕もそれを決めて書くことが多いです。よく言われるのが「誰でも一冊は小説を書くことができる。それは、その人の人生は、他の誰も経験したことのないものだから」といったことですが、これにあてはめると、誰でも1曲はリリックを書くことができるのです。

もちろん、リリックを書く際に「韻」を意識することは大いに歓迎です。韻を踏みやすくするコツをお教えすると、それは「倒置法」の活用です。たとえば、「掃除機の音がうるさい」よりも「うるせぇんだよ掃除機」としたほうが、次のリリックに広がりが出るのです。

また、「比喩表現」も大いに取り入れていただきたい手法です。

例と出しますと「まるで○○」「like a ○○」といった感じです。これを用いることで、自然と固有名詞を最後に持ってくることも可能です。

そのうるささはまるで掃除機／もう聞いてられないぜ正直

というふうにです。

気をつけないといけないのは、韻に気を取られ過ぎて、ただの「ダジャレ」になってしまうことです。やはり、歌詞ですので、きちんとしたストーリーありきで考えないといけません。また、フリがあってオチがあるといった、セット感も重視しながら考えてみてください。

さらに、その歌詞の中で自分がお気に入りのパンチラインまで構成できれば大したものです。よりカッコよく、より相手に伝わりやすくなることでしょう。

パンチラインの重要なことはズバリ「どこに置くか」ということ。

日常生活でも、朝起きて、いきなり高級ステーキの朝食を出されるよりも、薫り高いコーヒーのほうがありがたいように、**いつ何を出すのかが大事**です。

会議やプレゼンのシチュエーションを思い出してください。

自分が本当に言いたいことをどこでドーンと相手にぶつけるかの構成はすごく重要ですよね。かなりの時間をそれのシミュレーションに充てると思います。それと同じで、パンチラインも冒頭でいきなりなのか、4小節目なのか、はたまた8小節目なのか……。じっくりと練る必要があるのです。

また、あまりに後ろに入れすぎるのも最初は危険です。それまで、相手にラップを聞かせる技術がまだ備わっていないからです。

僕が主戦場にしているフリースタイル・ラップのコツを伝授しておきます。

まずは、街中でも家のなかでも、どこでも、目についたものでひたすらラップをし、ひたすらストーリーを作ってみましょう。

ペットボトル、スピーカー、ボールペン、スマートフォン……いろいろなものが目に入ると思いますが、それをひとつずつ取り上げて、韻を踏んだラップを作り片付けていってください。目に入る情報をひとつ、またひとつと片付けていくことで、韻を踏む練習にもなりますし、ストーリーを作る練習にも繋がります。

こう考えてみてください。フリースタイル・ラップはある意味で「連想ゲーム」だと。韻を踏むにしても、必死になって考えて出てきた言葉に導かれて、思いもよらない方向に行き、それがパンチラインとなったりするのです。そこもラップの面白さの1つです。

たとえば、「教科書」ならば、そこから「学校」「放課後」「教室」などのワードが連想されます。ここでも重要なのは、やはりストーリーで、ブツ切りの単語だけではなく「教科書→教科書の置かれた教室→放課後」と連想をつなげていければ、上級者です。

いずれにせよ、一に練習、二に練習、ですので、気長に頑張ってみてください。

さまざまなラップのトレーニング方法
声を鍛えリズムにのる

先ほど、「ラップは一に練習、二に練習」と書かせてもらいましたが、では、どのようにトレーニングすればいいのかを具体的に書いていきます。

僕の場合、電車の中づり広告は絶好の練習の材料でした。女性誌や旅行雑誌、写真週刊誌などなど、広告に書かれているスクープネタや特集記事のキャッチコピーや登場人物で、ラップを作るのです。中づり広告にはいわば〝旬〟が詰まっていますので、時事問題をネタにしたラップもできますから、一石二鳥というわけです。

また、フリースタイル・ラップに必要な「瞬発力」を磨くには、遊び感覚で、2人でお題を出し合って、それを盛り込んだラップをするのがお勧めです。

ワードは適当でかまいません。しかし、すぐに関連性を見いだせないもののほうが、当たり前ですが難易度は上がります。最初は、会社にあるものなど、キーワードを決めて、たとえば「書類」「デスク」「パソコン」など、3つの単語でやってみてください。

また、ここでも、意識してほしいのはやはりストーリーです。もちろん、ストーリーが思いつかなかったら、ひとつずつ片付けて行ってください。あくまでも、瞬発力を鍛える遊びですので、う～ん……と詰まってしまうよりも、とにかくすばやく何かをラップで返すことを念頭に置くほうがいいでしょう。

慣れてきたら、今度は、「みんなの共通認識にあるか？」と考えてみてください。たとえば「原宿」が「汚い街だ」と言っても、周囲は「？」となります。

多くの人に共感してもらえるラップでないと、独りよがりになってしまいます。

そして、忘れてはならないのが「声」を鍛えること。

声はラッパーにとって表現力の1つですので、自分の声をどんどん磨くべきだというのが僕の持論です。今でも滑舌の練習やお腹から声を出すボイストレーニングは欠かしません。

もちろん、生まれ持った声はなかなか変えられないもの。前の章でも触れましたが、スマホで録音などして自分の声と向き合ってみると、自分の声の個性が見つかるはずです。それが大きな武器になりますので、キャラクターに合わせ、ラップのスタイルも変わってくるはずなのです。

すごく低くて、こもった感じの声質の方が、高速のスタッカートのラップをしたいと言っても無理があります。反対に、高い声色の方が、ドスの効いた低音のラップを目指しても、仕方がありません。

ボイストレーニングの簡単なやり方を紹介します。

まずは、滑舌を良くする訓練から始めましょう。

「あいうえお　あいうえお　あいうえお……」と10回繰り返し、それを「や行」まで行います。さらに「が行」や「ざ行」の濁音までこなします。

そして、腹式呼吸の方法ですが、スポーツの応援の要領で、思いきり声を出してみます。そのことで、自分がどれくらい大きな声を出せるのかがわかりますし、腹式呼吸ではなく喉で声を出していたら、とたんに枯れてしまいます。喉に痛みを感じた人は、より遠くまで響かせることを意識して、お腹のあたりから出していることをイメージして、感覚をつかんでみてください。

僕はこうすることで、日常生活にもとてもいい影響がありました。僕は別にすごく声が大きいわけではありませんが、無理に声を張らなくても通りが良くなったようです。サラリーマンの方なら会議などでの発言の場でも、有利に働く可能性がありますよね。

逆に、腹式呼吸を意識していないと、声の座りが悪いというか、どうも芯がないような感じに聞こえ、声が高い、低い、太い、細いとは関係なく、ラップが締まりません。

せっかく良いリリックを書けて、良いライムが出来たとしても、肝心の声がショボければ台無しです。

ボイストレーニングをするときの姿勢ですが、背筋は伸びていたほうがいいでしょう。前かがみでも、のけ反っても、大きな声を出そうとすると自然と背筋が伸びると思いますので、その体勢で練習してみてください。

「でも、ラッパーの人たちって、前かがみのイメージがあるけど？」

たしかに、その通りです。しかし前かがみでも、背筋は通して、胸が開いていると、お腹から声は出すことができます。彼らは鍛錬して、自分のカッコイイスタイルでもって、最高のパフォーマンスができるように、血のにじむ思いをしてきたのです（少し大げさでしょうか）。

後は膝をリラックスさせてあげて、お腹に力を入れやすくしてあげてください。

最後にリズム感を鍛える方法です。やはり、音楽のジャンルの1つですので、ラップをやるにはリズム感の「ある／ない」は、ものすごく重要です。

まずは「リズムにのる」ことから始めてみましょう。「ズンズンチャン、ズンズンチャン」のリズムをＹｏｕｔｕｂｅなどでいいので、流してみてください。その音に合わせて、手を叩きながらリズムにのってみましょう。さらに、リズムに合わせて首を振り、体を揺らします。最初は多少ブサイクに映るでしょうが、それを続けるだけで、ずいぶんと良くなるはずです。

かいつまみの ラップ史

CHAPTER 5

いまや世界を席巻する音楽ジャンルとなったラップ。どのように誕生し、どう進化していき、日本にはどんな形で伝わったのでしょうか？　ラップの歴史を紐解きます。

世界を席巻するラップ それはジャマイカ出身の1人の移民青年から始まった

今の日本においてラップ・ミュージックは、どのようなイメージがあるでしょうか？「不良が車で大音量でかける音楽」であったり「犯罪を助長するような歌詞」といったネガティブなイメージを持たれる人も少なくないかもしれません。

しかし、そのようなただ悪を礼賛するようなネガティブな音楽が、これだけ世界中で浸透し、ファッションやライフスタイルといった重要な文化的要素として根付いているのでしょうか？

「ラップとはどんな音楽で、どうやって始まったのか」。これを知れば、なぜ今、これほどの規模で人々に影響を与えているのかの理由が見えてきます。

そもそも、ラップとは何かを考えるときに、「ヒップホップ」という概念について知らなければなりません。「ヒップホップとラップは同じじゃないの?」と思われるかもしれませんが、ラップは音楽の一形態であるのに対しヒップホップは「概念」です。ヒップホップとは具体的な何かを指すものではなく、「ラップ」「ブレイクダンス」「グラフィティ」「DJ」を4大要素とした文化形態を形成する概念ということになります。ヒップホップの歴史を振り返りながら、ラップがどのように誕生したかを見ていくことで、その独特な文化の本質が見えてきます。

ラップの原型を作ったのはジャマイカからの移民、クール・ハーク

ラップ誕生の瞬間に立ち会うには、1973年まで遡らなければなりません。アメリカ、ニューヨーク市のサウス・ブロンクス、セッジウィック・アヴェニュー1520番地のアパートのレクリエーションルームで、ヒップホップの歴史の全てが始まります。

12歳の時にジャマイカからやって来た青年、クライブ・キャンベル。彼は、のちにヒップホップの〝ゴッドファーザー〟と呼ばれることになる若き日のクール・ハークです。その当時の彼がサウス・ブロンクスに持ち込んだのは、ジャマイカのサウンド・システムの文化でした。

元々ジャマイカでは高級品であるオーディオセットが普及していなかったため、大音量でレコードをかけ、客が集まり踊るという野外ディスコのような興行が日常的に行われていました。彼が移住したサウス・ブロンクスの若者はディスコに行きたくても、そのお金はかかりませんし、そもそもきらびやかなディスコ・サウンドは彼らの好みではありません。彼が大好きなのはジェームス・ブラウンのようなファンク・ミュージックですが、ラジオから流れるのは、流行のディスコ・ミュージックばかりで退屈です。

そういった状況を変えようと思ったハークは、父親の持つスピーカーをアパートのレクリエーションルームに持ち込み、姉のシンディの誕生日にパーティーを開くことにしました。当初はジャマイカ仕込みのレゲエをかけていましたが、ジェームス・ブラウンなどのファンク・ミュージックが最も盛り上がりました。

ハークは、客たちの一番の盛り上がりどころは、曲の歌の部分でもなく、メロディーでもなく、そのいずれでもないリズムが中心のパート、いわゆる〝ドラムブレイク〟ということに気づきました。曲がそのパートになると、それまでの盛り上がりから、全員が一気に陶酔状態のダンスモードに入り、ダンスフロアは混沌と化すのです。

ダンスフロアにいる全員がその瞬間を待ち焦がれているのが、クール・ハークにもビシビシ伝わってきますので、その欲望を満たすために彼が思いついたことは、2枚の同じレコードを用意して、片方のレコードのブレイクが終わると、もう片方のレコードの同じ曲のブレイクの頭から即座に再生しダイレクトに繋ぎ、それを繰り返すという方法でした。そうすることによって一連のドラムループが延々と続く、彼曰く「メリーゴーランド」という夢の状態が続きます。いわゆる〝二枚使い〟と呼ばれる技法の誕生で、それによる音楽は「ブレイクビーツ」と呼ばれるようになります。それまではブレイクが来ると一斉に踊りだしていたのが、次から次にブレイクが繋げられることで、ダンサーたちが延々と踊り続けることができるようになり、そのブレイクごとに互いのダンスを競い合うような現象が起こり始めました。

それを見たクール・ハークは彼らを「ブレイク・ボーイ」すなわち「Bボーイ」と呼びました。

最初は酔客を盛り上げるパーティー音楽だったラップ

ブレイクビーツという画期的な発見をしたハークでしたが、当時、彼が使っていたミキサーには、キューモニターが付いておらず、ヘッドホンも使用しないため、次のブレイクの頭出しはレコードの針の溝を目視して行っていました、その作業には相当な集中力が必要で、針を落とした場所が必ずしもブレイクの頭とは限らないので、それを探すまでの時間稼ぎが必要でした。

最初の頃はラジオＤＪのように、マイクで喋りながら間を持たせていましたが、それではあまりにも効率が悪すぎました。そこで、そのつなぎの喋りを分業することで効率化を図ることにしました。その役を買って出たのがコーク・ラ・ロックです。

中学生の時にジャマイカから来たばかりのハークと知り合ったコーク・ラ・ロックは、バスケットボールを教えるなどして、いつも一緒につるむ仲になっていきました。

最初はハークのパーティーで来場者にハーレムで仕入れた極上のマリファナを売りさばく役割としていつも会場にいましたが、次第にハークの代わりにＤＪをして、場をつなぐＭＣとして参加するようになりました。

ハークの中ではジャマイカのサウンド・システムで見たＤＪのトースティングのイメージがあったのかもしれませんが、コーク・ラ・ロックはブロンクス生まれ。家族はノースカロライナ出身。そのスタイルはレゲエのトースティングというより、むしろ伝統的なハスラーの言い回しで、マイクで客たちの名前を呼び、煽り、盛り上げるというニューヨークの下町の黒人流儀といった風情でした。

「coke la! rock! rock! rock! rock! dont stop!」とまくし立てるコーク・ラ・

ロックのスタイルは、現在の韻を踏んだライミングとは違い〝ビートにのせたお喋り〟に近いものだったと、その当時、近所に住んでいて彼らのパーティーによく遊びに来ていた後のコールド・クラッシュ・ブラザーズのグランドマスター・カズは言います。

彼はＤＪホリウッドのほうが〝世界初のラッパー〟に近いという見方を示しており、そこには様々な意見があるようです。

しかし重要なのは、〝ブレイクビーツに乗せてマイクパフォームした〟というところが、コーク・ラ・ロックが、〝ラッパーの起源〟と言われる所以なのでしょう。

ハークの妹による口コミのプロモーションのおかげもあり、彼らのパーティーのチケットは即完売するようになりますが、人が集まり過ぎて警察が来るようになり、活動の場をブロックパーティーのような野外パーティー、または「トワイライト・ゾーン」「ヘヴァーロ」といったクラブに移して行くことになります。

そこから彼らのサウンド・システムのスタイルがブロンクスの黒人社会に変化をもたらします。

いかにしてメッセージ性のある今のスタイルになっていったか

70年代初期にはブロンクスの大部分の若者がギャング団に所属しており、抗争を繰り返していましたが、1973年頃になると多くの若者がギャング同士の殺し合いにうんざりしていて、警察やネイション・オブ・イスラムやパープル・マザーズといった団体等の活動もあり、ギャング団の解体が進んでいました。

そういったギャング団の少年の中の1人に、当時ニューヨーク最大のギャング、ブラックスペーズのメンバーで、後にアフリカ・バンバータと呼ばれるようになる青年がいました。

彼は、クール・ハークがかける曲が何の曲であるかを全て見抜くほどのレコードコレクターでしたが、ハークのブレイクを紡いでいく「メリーゴーランド」に魅了され、自分でもそのようなプレイをしてみたいと強く思うようになります。そうしたハークの影響下で、

ＤＪ活動を始めたアフリカ・バンバータですが、彼の選曲はハークが選んでいたようなファンク・ミュージックにとどまらず、ありとあらゆるジャンルの音楽からブレイクを抜き取り、その音楽性の幅を拡張しました。

そしてＤＪとＭＣ、ダンサー等のスタイルにとどまらず、黒人のアフリカ回帰やアフロ・フューチャリズムといった思想も包括した「ズールー・ネイション」というクルーを結成します。そういった状況下で、ギャングというライフスタイルにとって変わる新たなアイデンティティーとして「ヒップホップ」という文化的概念が生まれます。

またグランドマスター・フラッシュことジョセフ・サドラーもハークの影響下でＤＪ活動を始めるのですが、彼はそれまでの素朴で原始的だったＤＪテクニックを一気にアップデートさせ、現代のヒップホップＤＪの基礎を築きます。そしてグランドマスター・フラッシュ・アンド・ザ・フューリアス・ファイヴを結成し、１９８３年に「ザ・メッセージ」という曲をリリースします。

当時のニューヨークでは、１９７９年にリリースされラップミュージック初の大ヒットとなったシュガーヒル・ギャングの「ラッパーズ・ディライト」のようなディスコ調の曲にラップをのせたパーティー・チューンが主流でした。

その「ラッパーズ・ディライト」をリリースしたシュガーヒルレコードの共同経営者のシルヴィア・ロビンスンは、グランドマスター・フラッシュ・アンド・ザ・フューリアス・ファイヴのMCメリー・メルにメッセージ性のある新しいラップを試すように言います。そしてメリー・メルは「ザ・メッセージ」のリリックを書き上げます。

この「ザ・メッセージ」という曲のリリックは、ブロンクスのゲットーに生きる若者の苦悩が延々と描かれているのですが、当初、メリー・メルはこんな曲は絶対に売れるわけがないと思っていました。ところが、その深刻なリリックと未来的で爽やかな曲調という相反するイメージが重なることで斬新な世界観を作り上げ、それまでのラップ・ミュージックのイメージを刷新します。

ランDMC

リリックだけではなくサウンド面でも大きな変化が訪れます。

ランDMCはジョゼフ〝Run〟シモンズ、ダリル〝D.M.C.〟マクダニエルズの2人のMCとDJのジャム・マスター・ジェイのクイーンズ出身の3人から成るヒップホップユニットです。

中産階級が多く住むクイーンズは、サウス・ブロンクスとは比べものにならないくらい安全でゲットーとはかけ離れた土地でした。ですので、ランDMCの3人が実際にはスリングライフを送っていたというわけではないですが、彼らの作り出す野太いサウンドと、粗暴な態度と街の不良のようなファッションがその後のラップシーンを大きく変えます。

初の大ヒット曲「ラッパーズ・ディライト」を含めて、それまでのラップ・ミュージックは生で演奏されたディスコ調の楽曲の上でラップするもので、当時のラッパーのファッションもディスコティックで、鋲打ちの革のセットアップを着るようなきらびやかで派手なものが主流でした。

しかし、そもそもラップはサウス・ブロンクスのゲットーのような街に住む若者たちのブロックパーティーから生まれたもので、そこではファンク・ミュージック等のブレイクスの上でラップし、もっと生活に密着した環境で楽しまれていたものでしたので、その本来のスタイルと当時リリースされている曲のスタイルには大きな乖離がありました。

つまり、ストリートのキッズからすれば「リアルじゃない」のです。

そこで登場したランＤＭＣは、ディスコティックな衣装と打って変わって、ジャージにスニーカーといったストリートのキッズが日頃している格好そのままに、横柄でタフ態度と低音の効いたシンプルで重いドラムループの打ちつけるようなラップという、それまでのラッパーにはない荒々しいスタイルで登場したのです。

デフ・ジャムの誕生

ランDMCのジョゼフ〝Run〟シモンズの兄のラッセル・シモンズは「ラッパーズ・ディライト」の次にヒットを飛ばしたカーティス・ブロウを世に送り出したプロデューサーで、彼のレーベルであるラッシュ・マネジメントからデビューした3人は一躍有名になりました。

時を同じくして、マンハッタン「ネグリル」といったブロンクス出身のDJたちが聴けるクラブに足繁く通い、現行の世に出回るラップレコードに不満を持っている1人の白人青年がいました。このリック・ルービンという名の大学生は、ランDMCの曲に影響を受け、自分でもブレイクビーツの上でラップしてスクラッチが入っている本物のラップのレコードを作りたいと熱望するようになりました。

そして彼は「ネグリル」で知り合ったジャジー・ジェイと一緒にトレチャラス・スリー

というラップ・グループのスペシャルKの弟T LA ロックをラッパーに起用して「イッツ・ユアーズ」を制作。ニューヨーク大学のウェインスタイン・ホール寮の712号室で「デフ・ジャムレコーディング」というインディペンデントのレコード・レーベルを始めます。

結局、流通は他の会社に委ねることになり、金銭的な見返りはなく、名前だけのレーベルではあるものの、翌年の夏には9万枚を売り上げローカルヒットを放ちます。

そしてある日、トレチャラス・スリーとランDMCが出演した「グラフィティ・ロック」というテレビ番組の収録打ち上げで、ジャジー・ジェイはリック・ルービンにラッセル・シモンズを紹介します。既に評判になっていた「イッツ・ユアーズ」を聴いていたラッセルは、その製作者が白人であることに驚き、彼が制作していたビートの素晴らしさを称賛して仲を深めていきます。

そしてラッセルのラッシュ・マネジメントに出入りするようになったリック・ルービンは、同じく出入りしていた白人の3人組ラップ・グループ、ビースティ・ボーイズと出会います。元々はパンク・バンドとして活動していたビースティ・ボーイズですが、1983年にヒップホップの影響を受けて制作した「クッキープッス」という曲等のヒップホップ・ナンバーをライブでやるためのDJを探していて、リック・ルービンをDJダブルRという名前でメンバーに入るように誘いました。

結局、ビースティ・ボーイズのDJにはならなかったものの、リック・ルービンは彼らの曲をスタジオで数曲完成させ、それがきっかけで後にデフ・ジャムからリリースされることになるビースティ・ボーイズのファースト・アルバムの制作に繋がっていきます。

LLクールJとビースティ・ボーイズ

デフ・ジャムでは「イッツ・ユアーズ」で成功を収めてから、このレコードのジャケットに書かれていた大学寮の一室の住所宛にデモテープが送られてくるようになりました。

ある日そのデモテープ中の「アイ・ニード・ア・ビート」というアカペラの曲を聴いた

ビースティ・ボーイズのアドロックは、その卓越したラップの技術に驚き、それをリック・ルービンに聴かせます。

それを気に入ったリック・ルービンは、早速、ＬＬクールＪ（レイディーズ・ラブ・クール・ジェイムス）なるラッパーを電話で寮に呼び出します。そこに現れたのは15歳のジェイムズ・トッド・スミスという少年でした。リックの部屋で披露したＬＬクールＪのラップは、その場にいた全員の度肝を抜きました。

即座にリックの寮の部屋で曲を仕上げて、チャイナタウンにあるスタジオに録音に連れて行きレコーディングしました。

録音されたものをラッセル・シモンズに聴かせると、当時ランＤＭＣのレコードの配給をしていたプロファイル・レコードに話を持ちかけるように提案されますが、リック・ルービンはラッセルにパートナーになるように頼み、自らのレーベルであるデフ・ジャム・レコードを正式に設立します。

そしてＬＬクールＪの「アイ・ニード・ア・ビート」をリリースすることで業界デ

ビューを果たし、このレーベル初の12インチシングルは10万枚を売り上げる快挙を成し遂げます。

LLクールJは、ランDMCが打ち出した硬派でタフなスタイルをさらにアップデートして、ファースト・アルバムでは、鍛え上げられた筋肉とゴールドチェーンなど、よりハードなイメージを強化させます。

そしてセカンド・アルバムにおいて、アーティスト名のLLクールJ（Ladies Love Cool James）の通り、女性からの人気を得ることに努力を惜しまない彼は、ヒップホップ史上初のバラード曲「I Need Love」をリリースするなど、それまでのラップになかった潮流を作り、その表現方法の可能性を拡張させていきます。

そして2年の歳月をかけて制作されたビースティ・ボーイズのファースト・アルバム『ライセンス・トゥ・イル』も1986年11月に発売され、ラップ史上初の全米ナンバー1を獲得することになりました。

それまでラップは黒人のものという印象が圧倒的だったのですが、ビースティ・ボーイズの登場は、ラップ・ミュージック・ブームに便乗する形で登場したわけではなく、当時圧倒的な支持を得ていたランＤＭＣの弟分という形で、しかも黒人に寄せるわけでもなく、あくまで白人のパンク少年たちがラップに目覚めてパーティーで暴れるといった独特な存在感と個性を持っての登場でした。

それにも増して重要なのは、プロデューサーであるリック・ルービンの手腕であり、ラップ曲にギターサウンドをのせるといった、それまでにないサウンド・コラージュ・センスがさらに音楽性の幅を広げました。それはランＤＭＣとエアロスミスのコラボでロックとラップの融合による金字塔となる曲「ウォーク・ディス・ウェイ」を生み、時代の象徴となるサウンドを作り上げました。

パブリック・エネミー

経営も軌道に乗り出したデフ・ジャムは１９８５年に、アデルフィ大学の卒業生で「カレッジ・ミュージック・ジャーナル」でラップ記事欄を担当していたビル・ステファニーをプロモーション担当に雇い入れることにしました。まず彼は大学のラジオ局で一緒に活動していたことのあるチャックDという男をリック・ルービンに紹介します。

彼の「パブリック・エネミー#1」というデモ曲が気に入ったリック・ルービンは、何度も彼にレコーディングするように説得するも、妻子ある身で、すでに26歳になっていたチャックDは半年間、誘いを断り続けます。

そこでビル・ステファニーは「(パンク・バンドの)ザ・クラッシュのような政治性を持ったランDMCのようなヒップホップ・グループを作ったらどうだろう?」というコンセプトを思いつきチャックDに提案します。

そのアイディアでやっと重い腰をあげた彼は、新たなグループを結成し、その名を先のデモテープのタイトルから取り「パブリック・エネミー」としました。

その結果できたグループは、盛り上げ役の相方フレイヴァー・フレイヴとDJのターミネーターX、情報相のプロフェッサー・グリフをリーダーとするS1W (Security of the 1st World）というステージ上で警備（ダンス？）を担当するセクション、彼らがツアー中に楽曲の制作を担うボムスクワッドというチームで構成される前代未聞のヒップホップ集団となりました。

そして自らを「黒いＣＮＮ」と呼ぶチャックＤのメッセージは、初めて白人の権力構造に対して攻撃をしかけ、それまでのＬＬクールＪが作ったようなラップ・ミュージックのイメージをさらに塗り替えていきます。

ギャングスタ・ラップの誕生

そうしたニューヨークを中心にラップ・ミュージックの刷新が次々と起こっている中、ニューヨークから１３０キロ南の離れたフィラデルフィアで、それまでのラップとは全く異なった性質を持ったジャンルが誕生します。

スクーリーＤの「P.S.K. What Does It Mean?」は、ランＤＭＣが打ち出した硬派なイメージから、さらに過激に自分たちの日常における犯罪行為を題材にしたリリックを打ち出しました。この当時、安価な喫煙用のコカインであるクラックが全米中に蔓延し、過酷な日常を送っているのはニューヨークのゲットーだけではありませんでした。そうした都市のゲットーの治安の悪化に呼応するように、「ギャングスタ・ラップ」と呼ばれるようになるジャンルの発生と共に、ラップ・ミュージックはニューヨークのみならず、他の地域でも盛んになっていきます。

その影響は大陸を渡り、西海岸のロサンゼルスまで波及します。

西海岸は映画『ブレイクダンス（Breakin'）』でみられるようなアフリカ・バンバータの「プラネット・ロック」のようなエレクトロサウンドが主流でした。しかし、その『ブレイクダンス』にも出演していたラッパーのアイスTは、スクーリーDの影響を受け、独自のギャングスタ・ラップのスタイルを確立します。

彼はクリップスというギャング組織に在籍したことがある過去を持ち、その頃の経験をまるで映画を観ているかのような物語仕立てのリリックにしてラップするというスタイルでした。それまでのラップは抽象的な表現での言葉遊び的なものでしたが、彼のラップは映像的で、その描き出される光景は、それ以降のミュージック・ビデオに出てくるような西海岸ラップのイメージの雛形を作りました。

N.W.Aの登場

ロサンゼルスの低所得者層が多く住む街コンプトンで、元ドラッグディーラーだったイージーEは、それまでのギャングライフと決別すべく、麻薬の売買で手に入れた資金を元手に1985年にルースレス・レコーズを設立します。

そしてMC・レン、アラビアン・プリンス、アイス・キューブ、ドクター・ドレーたちとともにN.W.Aを結成し、1987年に周りの仲間たちと共に『N.W.Aアンド・ザ・ポッセ』というコンピレーション・アルバムをリリースします。その中に収録された曲「ボーイズン・ザ・フッド」は、スクーリーDの影響を受けつつもエレクトロ的でオリジナルのスタイルを模索していることが伺えます。翌年の1988年にはファースト・アルバム『ストレイト・アウタ・コンプトン』をリリースします。

それまでの西海岸ヒップホップはエレクトロ・サウンドが主流でしたが、このアルバムではサンプリングをメインとした硬質なビートに、パブリック・エネミーのような叩きつけるようなラップが特徴的で、コンプトン周辺で育ったメンバーたちの見聞きしてきたことをストーリーテリング方式でマイクリレーしていくスタイルは斬新でした。

当時放送を開始したばかりのテレビ番組「YO! MTV Raps」で彼らの代表曲である「Straight Outta Compton」のミュージック・ビデオがヘビーローテションでプレイされたこともあり、絶大な人気を得ました。

このアルバムに収録された「ファック・ザ・ポリス」という曲は、アイス・キューブが書いた歌詞のあまりの過激さのためFBIから警告を受けるなど問題視もされましたが、逆にそれによって悪名が響き渡り、今までヘヴィメタル等のロックを聴いていた白人の若いリスナーがギャングスタ・ラップを聴くようになるきっかけを作りました。

1991年にN．W．Aを脱退したドクター・ドレーは、シュグ・ナイトと共にデス・ロウ・レコードを設立し、歴史上最も売れたヒップホップアルバムの1つとなったソロ作『ザ・クロニック』を発表します。

このアルバムで、既成の音源のサンプリングによるトラックの制作に加えて、楽器演奏したものをサンプリングで楽曲に取り入れ、テンポ感も遅く重みを持たせた〝Gファンク〟と呼ばれるサウンドを確立します。デス・ロウ・レコードからはスヌープ・ドギー・ドッグやトゥーパック等の作品を発表し続け、ギャングスタ・ラップをその後の主流に押し上げて行きます。

それにより、絶対的だったニューヨーク中心のヒップホップカルチャーからシーンは大きく変わろうとしていました。

西海岸でギャングスタ・ラップが産声を上げる頃、ヒップホップの聖地、ニューヨークでは、それとはまた違った流れも起きていました。

1987年に『ペイド・イン・フル』というアルバムでデビューしたニューヨークのエリックB・アンド・ラキムは、同時期にデビューしたパブリック・エネミーやギャングスタ・ラップとはまた違った側面から、その後のラップ・ミュージックに大きな影響を与えることになります。

サックスの奏者でもある彼は、韻の踏み方や音節としてのラップの独特な区切り方を確立し、それまでの単調なフロウから、もっとオフビートなジャズ的な要素をラップに持ち込み、後のギャングスターやア・トライブ・コールド・クエスト等のジャズとラップの融合への可能性を示しました。

また、それまでのわかりやすい自画自賛ばかりだったリリックから、彼独特の複雑で洗練された詩的表現で描き出される内面の葛藤や思考の移ろいをストーリーテリングするスタイルは、それ以降のラップ表現に大きな変化をもたらし、後のラッパーたちに影響を与えることになります。

また、ストレイト・アウタ・コンプトンがリリースされた翌年の1989年にデ・ラ・ソウルという3人組が「ミー・マイセルフ・アンド・アイ」という曲を大ヒットさせます。

この曲のPVも「YO! MTV Raps」でヘヴィローテーションでかかりましたが、その内容はギャングスタ・ラップとは正反対の、冴えない草食系の3人のメンバーが、肉欲系Bボーイたちにからかわれながらも「自分は自分らしくあればいい」というメッセージを届けるといった、それまでラップ・ミュージックにあったような自画自賛や強い自己主張といったマッチョなイメージから大きく逸脱したそのスタイルは、「ニュースクール」と呼ばれ、ギャングには縁がなくてもヒップホップが大好きといった少年少女たちに新しい活路を見出すきっかけを与えました。

彼らとジャングル・ブラザーズとア・トライブ・コールド・クエストを中心に「ネイティブタン」と呼ばれる集団が形成され、後の「コンシャス・ラップ」と呼ばれるギャングスタ・ラップに対するカウンター・カルチャーを生む原動力となりました。

このようにニューヨークのラップシーンは90年代に差し掛かるにあたり一気に多様化していきましたが、西海岸や南部ではギャングスタ・ラップが猛威を奮っており、それに加え、MCハマー等のきらびやかに着飾ったニュージャックスウィング勢やヴァニラ・アイスといったポップな白人ラッパーも登場し、そういった流れに対抗してニューヨークからハードコア・スタイルのヒップホップが続々と出てきます。

その中でもウータン・クランは、ソウルやファンクのざらついた不協和音的なサンプリングに誰も知らないようなB級カンフー映画からのサウンド・コラージュ、不協和音的に叫び合いながらラップするミステリアスなメンバーたち——全てが怪しげで謎に包まれたそのグループの登場は、日本の田舎の中学生が噂するほど衝撃的なものでした。

カリフォルニアの太陽の下で寛ぎながら車を流す西海岸のギャングスタ・ラップへのニューヨークからの回答は、暗く湿った廃墟で焚き火をしながらラップするダークでソリッドなハードコア・スタイルだったのです。

その新しいスタイルを手に入れたニューヨークから満を持してナズという、それまでのラップ史上、もっとも恵まれた才能を持った新人が登場します。

彼はラキムに影響を受けた自分の育った環境、経験によって培われた内面を、極めて詩的で緻密なライミンで表現し、その天才的と言えるフロウは、当時のニューヨークの最高峰のプロデューサーたちが揃って制作したビートにのって『イルマティック』というヒップホップ史上の最高の1枚に数えられるアルバムに収められ、デビューしました。

ディスソングとビーフについて

ラップ・ミュージックの本質として、そのフッド（自分のいる地域）をレペゼン（代表する）するという前提があるが故に、互いの主義を主張し合う東西のハードコアラップのラッパーたちは、数多の軋轢を生む結果となり、それが次第に東西ラッパー対立へと発展していきます。

そしてついにヒップホップ史上最悪の悲劇が起こってしまいます。

ラップ・ミュージックのは元々自分を誇示し、自分が以下に周りより優れているかを競ってリリックにする伝統があります。

それが相手をけなすような攻撃的なものになると「ディスソング」と呼ばれ、それに対して相手が応酬した場合、このやり合いは「ビーフ」と呼ばれます。

歴史的な最初のディスソングは、トレチャラス・スリーのクール・モー・ディーというシリアスなライミンで卓越したラッパーによるものでした。彼は借り物のライムでパーティーを盛り上げるお調子者のキャラで当時人気者だったラッパーのビジー・ビーを批判する内容のフリースタイル・ラップを、ビジー・ビーも出場しているラップ・コンテスト会場でやってのけたのです。

その内容を録音したテープが世に出回りラジオでオンエアされ、当時のニューヨーク・ヒップホップ・シーンの話題をさらいました。

このバトルによって、それまではパーティーにおけるＤＪの盛り上げ役という立場だったラッパーから、もっとリリックの内容への意識が聴衆も演者も含めて高まることとなりました。それはラップそのものの捉え方が変わって、ただ盛り上げるためのものではなく、意味のあるメッセージ性を持ったリリックが聴衆を動かしていくようになります。

その後、今では伝説のラッパーとなっているKRSワンも全くの無名の時代に、当時人気だったジュースクルーのMCシャンとヒップホップの発祥の地についてのビーフを行い、それによって彼は名を上げスターダムにのし上がっていくことになります。

そのビーフは、その発祥の地の争いの元となった場所のクイーンズブリッジにちなんで「ザ・ブリッジ・ウォーズ」と呼ばれ、その後、ビーフの代名詞となりました。

そんな激しいバトルでも、KRSワンとMCシャンの双方に話題性が得られて、この戦いがなければお互いにこれだけ有名になることはなかったと納得し和解。CMでの共演も果たしています。

しかし、ギャングスタ・ラップの登場によって、ビーフもそれまでとは比べものにならないくらい過激なものに変貌していきます。

先程、紹介したN.W.Aのリーダー、イージーEと金銭トラブルで脱退したアイス・

キューブが「ノー・ヴァセリン」というディスソングを出すと、それがビーフに発展していきました。

その後、ドクター・ドレーも脱退しシュグ・ナイトとデス・ロウ・レコーズを立ち上げると、イージーEを徹底的にディスする曲を出しお互いにビーフを続けました。こうした応酬の末、イージーEは深く傷つき孤独を深めていきました。

その後、ギャングスタ・ラップにおけるビーフは激しく辛辣なものへとなり、ストリートの暴力性が音楽業界に持ち込まれ、言葉遊びの度を超えたマフィアの脅し文句以上の凶悪なものへと変化していきました。

また当時のストリート事情も、クラック（ドラッグの一種）の蔓延で、その権益をめぐってギャング同士の抗争が激化し、それまではなかった銃撃戦や殺人による報復合戦がどんどん酷くなって行く状況でした。

その影響で前科のあるゲットー出身者が圧倒的に増え、刑務所の中で知人が有名なラッパーになったのを知ると、出所後に彼を頼って取り巻きとなり、その忠誠心の証明のためにディスした相手方のラッパーを襲う等の暴力行為に発展し、ストリートギャングの暴力性が音楽の世界に持ち込まれる形となってしまったのです。

こうした抗争はN.W.Aのようなグループ内から、エリアとエリア、そしてついには東海岸と西海岸の東西ラップ抗争へと発展していきました。

死者を出した東西ラップ戦争

その背景として、N.W.Aの登場以降、ヒップホップのヒットチャートは、以前はニューヨークのアーティストが占めていた状況から西海岸のアーティストが上位を占めるような状況に取って代わられており、それを面白く思わない東海岸のラッパーたちが、ティム・ドッグの「Fuck Compton」等、西海岸のヒップホップをディスし、それに対してドクター・ドレーが「ザ・クロニック」で反撃する等、互いの立場の不満がビーフに発展して東西の対立が激しいものになっていきました。

それを「東西ギャングのラップ戦争」としてマスメディアが焚き付け、お互いを意図的に衝突に向かわせるような記事が出すことで煽りました。

そんな状況下で、ニューヨークのブルックリン出身、ビギーことノトーリアスB.I.Gはフリースタイルの強者として地元で名を馳せ、後の世界で最も成功したプロデューサーの1人となるショーン・コムズが設立したバッドボーイ・レコードから『レディ・トゥ・ダイ』というファースト・アルバムをリリース、西海岸のスタイルを取り込んだ斬新なスタイルは大ヒットし一躍東海岸を代表するアーティストになっていきます。

一方の西海岸のスーパースター、先に挙げたデス・ロウ・レコードの2パックとも親交を深め、ライブの客演や一時期は同じグループでの活動も考える等、盟友と呼べるような関係を築いていました。

ところが、1994年11月30日に2パックが映画の撮影でニューヨークを訪れていた際、会いに行ったビギーが、レコーディングしていた建物で2パックが何者かに銃撃されてしまいます。その後、シュグ・ナイトとドクター・ドレーが設立したデス・ロウ・レコードに移籍した2パックは「自分への銃撃をノトーリアスB．I．Gは知っていたのではないか？　ハメられたのでは？」と思い込むようになり2人の仲は急激に悪化していきます。

その関係悪化は「デス・ロウVSバッドボーイ」の競争のための対立に利用され、マスメディアから東西ラップ戦争の最高の材料となり、事態は最悪のクライマックスに向かって進んでいくことになります。

そして、1996年9月7日、2パックはマイク・タイソンの試合の観戦後、ラスベガスで車に乗っていたところをシュグ・ナイトと共に再び銃撃され、帰らぬ人となりました。

そうなると、その報復として自分が狙われることは必然的だと感じたビギーは『ライフ・アフター・デス』というアルバムを仕上げますが、そのプロモーションで訪れたロサンゼルスで銃撃され1997年3月9日に死亡しました。その死を予言する形で2週間後にアルバムはリリースされ、1000万枚以上のセールスを記録しました。

そして、その2人の死を持って東西ラップ戦争は沈静化する形になり、ギャングスタ・

ラップの主流は西海岸から南部へ移っていきました。

マイアミでは2ライブ・クルーがベース音を過度に強調したエレクトロ・サウンドに性的なリリックをのせたマイアミ・ベースを80年代末から流行らせ、テキサス州ヒューストンではゲットーボーイズがリック・ルービンのプロデュースで全国デビューし、サザン・ヒップホップというジャンルを確立しました。

90年代に入るとアトランタ出身のアウトキャストやテキサスのUGK等、南部からのヒットも多数出てくるようになります。

ダーティ・サウスの元祖、マスターPが設立したレーベルであるノー・リミットにはデス・ロウにいたスヌープ・ドギー・ドッグも移籍するなど時代は移っていきます。

南部だけでなく、東部のヴァージニアからもティンバランドやファレル・ウィリアムスとチャド・ヒューゴのネプチューンズが登場し、それまでにはなかったタイプのサウンドを持った地方出身のアーティストが続々と出てきます。彼らのようなサンプリングに頼らない次世代のアーティストたちは、高速のハイハットや太く重いベース等の電子音を多用した楽曲が多く、それに伴いラップのフロウも無機質に短いフレーズでカットされたものや、ベース音と共に伸びる感じのもの等、楽曲の変化に応じて多様化していきました。

エミネム

2パックが凶弾に倒れる直前に、デス・ロウを離れたドクター・ドレーは自身のレーベルであるアフターマス・エンターテインメントを立ち上げ、ギャングスタ・ラップへの決別を決意しますが、商業的な成功を収めるのに苦労していました。

そんな時にデトロイトを中心に活動していた白人ラッパーのエミネムと契約します。

彼はほぼ黒人のラッパーしか出場しないようなMCバトルに出場し続けました。絶対的な不利な状況下にも関わらず、圧倒的なライミングの技術と貧しく恵まれない環境下で育った彼の内面で培われた過激なリリシズムは、フリースタイル・バトルでは圧倒的な強さを誇っていました。

1999年にメジャー・デビューアルバム『ザ・スリム・シェイディLP』をリリースをリリースすると、全世界で600万枚を超える売上を記録し、グラミー賞最優秀ラップアルバム部門を受賞します。2002年には、半自伝的映画『8Mile』が大ヒットし、主題歌の「ルーズ・ユアセルフ」は、2002年度アカデミー歌曲賞を受賞します。この映画で紹介されたことにより、フリースタイルバトルが世界中に知られることになりました。

結果的に彼は全世界で2億2000万以上のアルバム&シングルを販売し、史上最も売れたアーティストの1人になり、それ以前よりさらに国境を超え、人種の壁を超え、幅広い世代にラップ・ミュージックを行き渡らせ、ラップにポップ・ミュージックとしての不動の位置を与えるのに最も貢献したアーティストといえるでしょう。

21世紀を迎えて複雑化が進むラップの世界

21世紀に入ると、地域ごとに新しい世代のアーティストが次々と出現し、ラップのジャンルも多様化していきました。

それまでロック中心だった世界の音楽業界は、徐々にヒップホップに移っていき、それによって聞き手の幅が広がったことで、初期のヒップホップのマッチョな精神性から、もっと複雑で多様な内面描写が展開されエモーショナルなラップ・ミュージックも出現し、果ては自殺願望までもリリックにするようなロック的な退廃性までヒップホップが担うようになってきました。

流通もレコードやCDといったものから、SNSや配信サービスといったインターネットが中心となり、プロモーションのためにミックステープと呼ばれる自身の曲等を繋いでひとまとめにしたファイルをインターネット上で無料配布することにより、そのダウンロード数で名を売る行為が流行し、ビジネスの側面からも、それまでのレコード会社に見いだされ、デビューし、名を上げていくといった仕組みから大きく変化していきました。

これ以上なく複雑化したラップ・ミュージックの世界は、今後、どのような変化を迎えていくのでしょうか。

パンクロックやニューウェーブの進化系として日本語ラップが誕生その源流はいとうせいこうにあり

日本にいつラップが伝来したかは、何をしてラップの伝来と考えるかによりますが、ラップの楽曲を意識して作られたという意味では「咲坂と桃内のごきげんいかが1・2・3」や吉幾三の「俺ら東京さいぐだ」になるのかもしれません。ですが、今の日本語ラップの源流を考えたときに最も重要になるのは「いとうせいこう」の存在でしょう。

早稲田大学に在学中からピン芸人だったいとうせいこうは、卒業後に出版社に就職し、入社1年後の1985年に、担当していた雑誌の巻末に連載されていたバブル期のマスコミ業界をネタにした情報マンガ『業界くん物語』のレコード出版をプロデュースします。当時からラップ・ミュージックに興味があった（原宿ピテカントロプスやラジオ番組で藤原ヒロシのＤＪでラップの真似事をしていた）いとうは、藤原ヒロシや高木完といった新しいアイディアを持ったアーティストと共に、その中に収録された「業界こんなもんだラップ」をリリースします。

これを機に、ヤン富田の号令でレコーディングの際に参加していた藤原ヒロシと高木完らと翌年の１９８６年に、いとうせいこう＆タイニーパンクスを結成します。

彼らは『建設的』というアルバムをリリースし、その中に収録された「東京ブロンクス」がヒットします。

その当時はランＤＭＣが全盛を迎える頃ですが、日本にはまだ彼らが来ていたようなアディダスのトラックスーツはまだ入ってきておらず、ゲートボールでおじいさんが着ているようなアディダスのジャージでラップしているというような状況でした。

お客さんとのコール・アンド・レスポンスも「セイ！　ホーオー」と舞台から叫べば「セイ！　ホーオー」と、「スクリーム！」と言えば「スクリーム！」と返ってくるような有様でしたので、いとうせいこうは、ヤン富田と相談し、「スクリーム！」と叫ぶところを日本語で「騒げー！」と叫ぶと、意図したもの以上の異常な盛り上がりが返ってきました。この場面を後ろで見ていた高木完は、日本のオーディエンスにとってラップが、アメリカから持ち込まれただけの状況から、少し自分たちのものに「変わった瞬間だ」と思ったそうです。

日本語は「です、ます」で文章が終わる文法の構造のため、どうしても単調な韻の踏み方になりやすく、ややもすると「～音頭」や「～節」といったアクセントを音節の頭に置くオンビートになりがちです。あまりオフビートのアクセントを用いない日本語に、どうやってリズム感を持たせるかといった問題に彼らは苦心していました。

そして1989年の「MESS／AGE」では複雑な韻の踏み方に挑み、付録で日本語の韻辞典「福音書」を付け、日本語ラップに置ける押韻のハードルを上げました。

近田春夫

日本のロックの黎明期、グループサウンズの時代から歌謡曲まで作詞作曲も含めた音楽活動に取り組んでいた近田春夫もランＤＭＣの登場と共に、ロックや歌謡曲とは違った新しい表現方法としてのヒッピホップに目覚めることになりました。

そして１９８６年、ヒップホップ専門レーベル「ＢＰＭ」を立ち上げ、President BPMの名のもと、タイニーパンクス等と共に立て続けにレコードをリリースします。

近田春夫はシンプルな韻の踏み方で、ランＤＭＣが示したようなラップ・ミュージックが持つ攻撃性に目を向け、リスナーの感情を煽るためのラップの追求というスタイルを提示しました。その政治的なリリックや過激なスタンスは、その後の日本語ラップにおける重要な礎となります。

メジャーフォース

いとうせいこう、近田春夫と共に日本語ラップの最初期を支えたタイニーパンクスの藤原ヒロシと高木完をはじめ、中西俊夫、K.U.D.O（工藤昌之）、屋敷豪太を中心に「メジャーフォース」というレーベルが始動します。

メジャーフォースは、アートとヒップホップ等のダンスカルチャーを結びつける文化やファッションの発信源として、その後の世界を席巻するストリートファッションの源流となります。メジャーフォースは日本語ラップシーンに大きな影響を与えることになるスチャダラパーやECDといったアーティストを輩出します。

ECDはパンク・ロックで培った政治性の高いリリック、ヒップホップという枠に収まらないアヴァンギャルドやサブカルチャーといったバックグラウンドを日本語ラップへ持ち込み、彼の生き様を含めて、その後の多様化に寄与します。

彼の活動は名曲「ロンリーガール」を世に送り出すだけにとどまらず、1996年に発表された日本語ラップ史に残る伝説の1曲、ランプアイの「証言」のレコーディング費を出し、伝説的なヒップホップのイベント「さんピンCAMP」をプロデュースする等、後年から見ても、その功績は計り知れないものがあります。

スチャダラパー

それまでの日本のヒップホップは、パンクやニューウェーブの延長としての「ロックの進化系」として受け入れられており、本場アメリカの成り立ちとは全く違ったものとなっていました。

そういった状況下で、新たな流れとしてヒップホップ・カルチャー・ネイティブとしての新世代が登場します。彼らは日本語ラップの方法論としての決定的なアップデートを果たします。次世代のラッパーたちは日本語の構造を度外視した上で、英語のラップの響きとリズムのカッコ良さを残したまま、そこに日本語を当てはめていくという手法をとります。

1990年にメジャーフォースから「スチャダラ大作戦」でデビューしたスチャダラパーは、プロデューサーの高木完から「アクセントを英語のラップに寄せられないか？」とディレクションを受け、英語のラップ曲の「この部分は、日本語の何々に置き換えられるかも」といった試行錯誤を繰り返し、それまでの言葉の頭に置いていたアクセントから、もっと英語のラップに近い形——英語のラップのように聞こえる言葉のチョイスとフロウを構築していきました。そして、そのスタイルもデ・ラ・ソウルに影響を受けたストイックな要素を排除した等身大の気負わないラップを展開し、ギミックの効いたリリックと独特の視点は、今をもってしても全く色褪せない唯一無二のキャラクターを作り上げました。

1994年、小沢健二と共演した「今夜はブギー・バック」は50万枚を超える大ヒットとなり、同年8月リリースのEAST END×YURIの「DA．YO．NE」と共に、日本のお茶の間にラップ・ミュージックというものを直に届けるという偉業を成し遂げます。

そして、スチャダラパーのメインMCのボーズは1994年より5年間、フジテレビ系列の子ども向け番組『ポンキッキーズ』にレギュラー出演し、その存在は大衆的レベルのものとなりました。

そうした、非常にポップなスタイルで渋谷系といったムーブメントとも相まって、女性を含めた一般のリスナーを増やすことにも成功し、テレビ等のマスメディアにも進出するようになりました。

マイクロフォンペイジャー

彼らとは違った起源を持つ一派も、時を同じくして日本語ラップを次の段階へ押し進めます。

ＤＪを志望していた後のマイクロフォンペイジャーのムロは、原宿の歩行者天国で活動していたＤＪクラッシュと知り合います。ＤＪクラッシュは当時、原宿の歩行者天国にいたメンバーにＤＪはすでにたくさんいたので、ムロにラッパーになることを勧めます。まだどうやってリリックを書いていいかわからないムロに、DJクラッシュが、ERIC B. & RAKIMやBIG DADDY KANEらの曲のフロウをそのままに日本語を当てはめることでリリックを書き、ムロに託したところ、彼が上手くラップできたことから、クラッシュポッセというグループを結成するに至ります。

その後ムロは、より実験的な音を求めて海外のシーンに出て行くDJクラッシュと袂を分かち、名古屋出身のツイギーと共にマイクロフォンペイジャーを結成。

ツイギーは、いとうせいこうが構築してきた「いかに音頭に聞こえさせないか」の方法論を進化させ、元来、柔らかくなめらかな作りの日本語にリズムやアクセントをどのように作り出すかを倍速のラップやポリリズムでのせるライミング等で、その表現性を広げていきました。

そしてマイクロフォンペイジャーは、それまで日本のラッパーがいかに日本の音楽シーンでヒップホップを根付かせるかを苦心して、歩み寄る方法を考えていたものから、もっと自らのアティテュードを全面に押し出し、迎合してもらうより見せつけるという態度を取ることで、その存在感をアピールするという方法に打って出ます。

切磋琢磨

その彼らが作り出した音と姿勢が、当時の同世代の東京のラッパーたちに多大な影響を与えることになります。

ライムスターの宇多丸も当初は英語でラップを始めますが、Bフレッシュのケイク K の英語のような日本語ラップのフロウに触発され「自分ならもっと日本語を上手く当てはめられる」と思い、さらにその技術を掘り下げていきます。

そして1992年の暮れにマイクロフォンペイジャーのデモテープ「改正開始」「Microphone Pager」を聴いた宇多丸は、その攻撃的でハードコアなスタイルと、日本語ラップの変革を迫るアティテュードに衝撃を受けます。

同時多発的に起こった日本語ラップにおける技術的な革新に加えて、マイクロフォンペイジャーが提示した日本語ラップの現況への問いかけによって、それまで各々で活動していたシーンに緊張感を伴った連帯意識のようなものが芽生えました。

そして、下北沢のスリッツで開催されていた「スラムダンクディスコ」でECD、マイクロフォンペイジャー、YOU THE ROCK☆、ライムスター、ソウルスクリーム、キミドリといった、その後、様々な勢力に別れていく面々が、まだ未分化のまま集まり、互いに切磋琢磨して、その後の日本語ラップシーンに大きく影響を与える様々なきっかけを作ります。

そして、そこにはアメリカから帰国したキングギドラの3人も訪れていました。

キングギドラ

そうした日本においてラップの新しい形が出来始めた頃、ヒップホップの本場アメリカから2組のグループが日本に帰ってくることで大きく流れが変わります。

日本語ラップに革命を起こすことになるグループ、キングギドラ。そのＭＣであるＫダブシャインは中学生の頃からすでにランＤＭＣ等を聴き漁っていました。後にアメリカのオークランドに留学したＫダブシャインが、黒人の友だちに自分の英語のラップを聴かせたところ「なぜ日本語でラップしないのか？」と問われ、彼はアメリカのラップのリリックが自分の地元をレペゼンすることに捧げられ、地元のプロップスを得ることが肝心であるという本質に気づき、アメリカで、英語でラップする自分のスタンスに疑問を持ち始め、日本語でラップすることを意識し始めます。

しかし、スラングや背景を理解した上で、直に本場アメリカで展開されるラップ・ゲームを見ていた立場から当時の日本のラップシーンを眺めると、まだラップ・ミュージックの基本が持ち込まれていないと感じていました。

その当時のいとうせいこうや近田春夫のラップはあくまで日本語としての構造を保った作りのため、単純な韻しか踏むことができず、基本的に文末が「です・ます」で終わるため日本語でのライミングは難しいのではとＫダブシャインは考えていましたが、文末を体言止めにすることによって、リリックに韻を踏んだ詩的な要素を持ち込むことができるのではと思いつきます。そして韻を踏むことが前提となる本場アメリカ由来のライミングをベースにした日本語でのラップの制作を１９９０年からアメリカで開始します。

それを国際電話越しに日本で聴いたＺｅｅｂｒａも感化され、それまで日本で英語によるライミングしかしていなかったのですが、日本語でラップのリリックを書き始めます。

そしてＫダブシャインの帰国後、キングギドラが結成されます。彼らの活動は、その後の日本語ラップシーンの発展に大きな影響を及ぼすことになります。

キングギドラのデモテープは、東京中のラッパーたちに広まり、他ジャンルのアーティストも巻き込んでいきました。本場アメリカから渡来したラップは、多くのラッパーたちに刺激を与えたのです。そして、それまでバラバラに活動していた東京のラップシーンに対して、Ｚｅｅｂｒａは疑問を持ちかけお互いの競争を促すように仕向けます。

その影響で日本語ラップのフロウは飛躍的な進化を遂げ、その後の日本語ラップシーンの全国的な大ブームへの足がかりを作ります。

BUDDHA BRAND

そうした日本語ラップのアップデートが飛躍的に進む中、もう一組アメリカから帰国するグループがいます。

1986年頃、ニューヨークで「ズームイン朝」のウィッキーさんのコーナーのADをやっていたNIPPS（ニップス）が、毎週撮影中にカメラに映り込みに来ていたDJ Masterkeyと知り合い、共に渡米していたCQ、そこにデブラージが加わり「うわさのチャンネル」というヒップホップ・グループを結成した後、BUDDHA BRAND（ブッダ・ブランド）に改名します。

キングギドラは、英語詞からの変換を日本語詞によるライミングにこだわり、新しい日本語ラップの可能性を見出しましたが、BUDDHA BRANDは英語と日本語をミックスするというスタイルをとります。

そして、それは意味を紡ぐというより、文章としての整合性を度外視した、カットアップされた言葉の魔術とも言うべき表現性で、聴いたときの音感を英語詞のラップに近づけるというだけではなく、ラップが持つ何でもありの無限の可能性を提示しました。

特にＮＩＰＰＳのフロウは、現在に至るまで、その卓越したスキルと和英混合の魔術的で難解なリリックで他の追随を許さない独創的な世界観を作り上げました。

このＢＵＤＤＨＡ ＢＲＡＮＤが１９９５年にアナログ盤でリリースし、後にＣＤでメジャーリリースされる『人間発電所』は、それまで洋楽としてのラップは好きでも日本語ラップは苦手というリスナーまでも巻き込んで、現在に至るまでの日本語ラップ史上最も有名なクラシックとなります。

当時の日本のラッパーたち

当時の日本のラッパーたちはどのような状況だったのでしょうか。

YOU THE ROCK☆は1994年から、RINO、GAMA、G.K.MARYAN、TWIGY、DJ YAS等と共に西麻布のCLUB ZOAで「ブラック・マンデー」をスタートさせます。東京のクラブミュージック・シーンではレゲエが人気を誇っていた時代で、ヒップホップは全く日の目を浴びていませんでした。

しかしテレビ等のマスメディアでは、先程挙げたような「今夜はブギー・バック」や「DA.YO.NE」等のJラップが一世を風靡していたころで、YOU THE ROCK☆は、バイト明けの朝に家に帰ると『ポンキッキーズ』でスチャダラパーが出演しているのを観るたびに悶々とした気持ちになっていました。そして、彼はラップで、そのフラストレーションを爆発させます。

1994年にレコーディングしたECDの「MASS対CORE」への客演でJラップへの戦いに狼煙を上げ、その曲が翌年の1995年の春にリリースされた途端にヒット。同じ思いを抱いていた東京アンダーグラウンド・シーンのリスナーたちから圧倒的な支持を得ます。

同年、高木完の新レーベル「VORTEX」の第一弾としてRINO率いるランプアイの「下剋上」をリリースした頃には、物凄い盛り上がりとなっていました。

それに続いてYOU THE ROCK☆をはじめ、ツイギー、ランプアイといった「ブラック・マンデー」に集まっていたメンツにアメリカ帰りのキングギドラのZeebraとBUDDHA BRANDのデブラージを加えた7人でレコーディングしたのが、日本語ラップに残る伝説の1曲「証言」でした。

「証言」は元々VORTEXからリリースする予定でしたが、話の折り合いがつかなくなりECDがレコーディング費用を持ち、DJヤスがこの曲をリリースするために立ち上げた「煙突レコーズ」からリリースすることになります。

そして、この「証言」がリリースされるやいなや、既に前年から噴火直前だったヒップホップ・ムーブメントが一気に爆発し、世界一のレコード街であった渋谷の宇多川町のレコード店の前には長蛇の列ができ、入手困難な1枚になるほどの過熱ぶりとなりました。「証言」のレコードを手に入れたとしても、買った帰りに奪われる「証言刈り」と呼ばれる事態が起こるほどでした。

さんピンCAMP

そこから、ランプアイのみならず、他の日本語ラップのアーティストたちのレコードも急激に売れるようになり、この短期間で高まった東京アンダーグラウンド・ヒップホップへの期待から、ヒップホップの新たな歴史の象徴となるイベント「さんピンCAMP」の開催へと続いて行きます。

「さんピンCAMP」は1996年にECDが発起人として、当初は「ワイルドスタイル」のようなヒップホップ映画を作る目的で行われた大規模なイベントです。

イベント当日は激しい雨に見舞われながらも、先程挙げた「ブラック・マンデー」の面々やBUDDHA BRAND、キングギドラ、ライムスター、ソウルスクリームといった今や日本語ラップを代表するラッパーやDJが一同に会したイベントを映像に収めたということで、その夜の出来事は、後々、伝説化していくこととなります。

その後リリースされたビデオは、全国のヒップホップファンが擦り切れるまで観られ続けます。まだインターネットが普及していない時代に、ほとんど音源でしか聴くことのできなかった日本語ラップのライブを映像として観れたことで、全国のラッパーに大きな影響を与えました。

ザ・ブルーハーブとラップのメジャー化

「さんピンCAMP」で隆盛を極めた東京のヒップホップ・シーンこそが日本のヒップホップの全てのように語られている現状がありました。

それにフラストレーションを抱えるラッパーが札幌にいました。

ボス・ザ・MCとO.N.Oの2人からなるザ・ブルーハーブは、その状況を打破するため、日々の労働で稼ぎ出される収入の殆どをレコードのプレス代に当てながら、東京からではなく地方都市である札幌に活動拠点を起きながらプロモーション活動を続けていました。

彼らのサウンドは、華やかなパーティーサウンドとは無縁な、O.N.Oのヒリヒリとした緊張感が漂うトラックに、淡々としたポエティックなボス・ザ・MCのラップが、ヒップホップの東京中心主義を攻撃するアンダーグラウンドからの叫びでした。

「さんピンCAMP」を経て、東京の新たなムーブメントと化したヒップホップは、メジャーリリースを見据えた華やかな楽曲が増え、新たなリスナーを迎えたシーンは、それ以前のアンダーグラウンド・カルチャーだった頃からは大きく変化してきていました。

もっとディープなサウンドを求めるヘッズ、東京のヒップホップ・シーンに憧れを持ちながらも、その距離感を感じずにはいられなかった日本各地方のヒップホップ・シーンにいたラッパーたちにとっては、1999年にDJクラッシュのサウンドにのって届けられたボス・ザMCのラップは新たな可能性の始まりでした。

そういったアンダーグラウンドの動きとは対象的に、メジャーシーンに置いてもラップ・ミュージックに大きな変化が訪れます。

1993年のm.c.A.T.の「Bomb A Head!」のヒットや、94年のEAST

ＥＮＤ×ＹＵＲＩの「ＤＡ．ＹＯ．ＮＥ」やスチャダラパーｆｅａｔｕｒｉｎｇ小沢健二の「今夜はブギー・バック」等、日本でもラップ曲の突発的なヒットは度々出ていましたが、１９９９年に日本語ラップシーンに決定的な分岐点を与える大ヒット曲が世に出ます。Ｄｒａｇｏｎ　Ａｓｈの「Grateful Days」です。この曲は90万枚を超える大ヒットになりましたが、ゲスト・ボーカルとして参加したキングギドラのＺｅｅｂｒａによる「俺は東京生まれ〜」から始まるラップ・フレーズは、当時の日本で社会現象とも言うべきラップ・ブームを巻き起こしました。

それまでアンダーグラウンド・シーンにあった日本語ラップはこれによって一気に世間一般の認知を得ることとなります。

その影響もあり２０００年代に入ると、様々な若手アーティストたちがメジャーデビューするようになります。日本でデフ・ジャム・ジャパンが発足し、第一弾としてウータン・クランのような大所帯のハードコア・ラップ・スタイルのニトロアンダーグラウンドのアルバムがリリースされます。

彼らは、それまでの韻を踏まずばラップにあらずという価値観から、韻というラップマナーから外れることで自由度を手に入れ、世界観重視のリリック展開で新しいスタイルを確立します。

横浜からは西海岸スタイルで登場したオジロザウルスや、名古屋からは地元の方言もラップに取り込む独自のスタイルを確率したトコナX等、地方出身のラッパーたちも次々とメジャーシーンに登場し、それまでの東京中心だったラップシーンから、また新たな展開を迎えつつありました。

彼らのようなギャングスタ・スタイルのラップシーンは瞬く間に全国に広がり、オーバーサイズを着込んだB系と呼ばれたファッションが一般化しました。

フリースタイル・バトル

「さんピンCAMP」の成功の翌年から日本語ラップの時代にまた新たな流れが生まれよ

うとしていました。

80年代から原宿の歩行者天国で東京Bボーイズというダンスグループを率いて活動していたクレイジーAは、ニューヨークのロック・ステディ・クルーのクレイジー・レッグスがやっていたイベントを参考に、ライムスター等のラッパーたちを集め「Bボーイパーク」を開始します。クレイジーAはバトルが当たり前にあるダンサー出身でしたので、ヒップホップの互いが競い合う要素を重要視していました。その観点からすると、彼は当時の日本語ラップがニューヨーク発祥のラップとは違った形で日本に根付こうとしていると感じ始めていました。そこで、ライムスターの宇多丸に紹介されたクレバと出会い、その「フリースタイル・ラップ」の技術の高さに感嘆し、「Bボーイパーク」でラップのフリースタイル・バトルを取り入れることを決意します。

東京のラップシーンで初めてフリースタイル・ラップを行ったのは、ライムスターを中心としたファンキーグラマーユニット（通称FG）に属していたメロウ・イエローのメンバーであるK．I．NKが1993年の「スラムダンクディスコ」でフリースタイルを披露したのが始まりとされ、それをきっかけに、その後開催される定期イベント「FGナイト」において、誰でもマイクを握ることができるオープンマイクが開始され、ラップバトルが活発化するようになります。

それによってフリースタイル・バトルがシーンに定着し始め、それまで即興によるラップは不可能と思われていた時代から、リリックを書くラップよりフリースタイルから入るクレバのようなラッパーも登場するようになります。そのクレバの即興スキルは圧倒的なもので、それより前の世代のラッパーたちは誰も敵いませんでした。

そうした経緯で1999年から始まった「Bボーイパーク」のMCバトルでしたが、その年から2001年までクレバは3連覇という圧倒的な結果を残しました。

マス対コア

そして2002年にはクレバの所属するキック・ザ・カン・クルーがリリースした「マ

ルシエ」は記録的なヒットを飛ばし、その年の紅白歌合戦にも出場。このクレバの活躍やエミネムの映画『8Mile』もあり、この頃からフリースタイル・バトル出身のラッパーたちが台頭してきます。

またファンキーグラマーユニットからはライムスターをはじめ、リップスライムといったラップ・グループもメジャーデビューし、シーンを賑わせます。

彼らの活躍によって、それまでラップとは縁がなかったようなJ-POPのリスナーたちも聴くようになり、テレビのゴールデンタイムの歌番組にラップ・グループが出ることは珍しいことではなくなりました。

こうしたヒップホップの二極化が起こる中で、ラッパー同士の軋轢も起こるようになってきます。

2001年にキングギドラが「公開処刑」という楽曲の中で、Zeebraが「Grateful Days」で共演したDragon AshのKJのスタイルを真似していると痛烈に批判し、Kダブシャインはキックザカンクルー、リップスライムをセールス狙いのラップだと揶揄しました。

そういった経緯もあり、また幾度目かのメジャーシーンからアンダーグランドでハードコアなシーンへの揺り戻しが起ころうとしていました。

アンダーグランドシーン

そんな中、登場したのが「B BOY PARK2002 MC BATTLE」で優勝したMC漢a.k.a.GAMI率いるするMSCでした。

それまでの米国のストリートライフを仮想し、模倣しようとした結果でしかなかった日本語ラップにおけるストリート感を、現実の東京の中にある様々な問題をリアルなメッセージとしての生々しいリリックをハードコアなサウンドにのせてラップし、それまで渋谷を中心に進められてきたヒップホップ文化に対抗した一地域として東京・新宿をレペゼンするそのスタイルは斬新でした。

そして、それは東京以外の地方都市のラッパーたちにも、自分たちの地域を、その仲間と共にレペゼンしていく可能性を示すものとなりました。

そして、時を同じくして西の大阪代表として韻踏合組合が登場します。チーフロッカ、ヘッドバンガーズといった別々のグループで活動していた面々が集まり結成されたグループで、関西独特のウィットとユーモアに富んだライミングと卓越したマイクリレーで、MSCの重厚感とはまた違ったラップの楽しさといった魅力を伝えました。

そのメンバーの1人、ヘッドバンガーズのヒダディーはアメ村に「一二三屋」というショップを構え、大阪を中心としたアーティストのリリース作品を置き、関西のヒップホップサロンとしてお互いの交流を促進し、2007年にはDVD『ヒダディー ひとり旅』で日本各地を周り、各地のラッパーたちとフリースタイル・セッションを行い、その土地々々のシーンを紹介し、その輪を広げていきました。

そういった流れにより、日本語ラップのアンダーグラウンド・シーンへの注目が一気に高まり、様々なバックグラウンドを持ったグループが全国から登場するようになります。

MCバトルの広がり

MCバトルも「B BOY PARK」から始まったMCバトルの波は、全国で予選大会を行い勝者を決める「ULTIMATE MC BATTLE」で一気に全国規模のMCバトルの土壌を作り、その後は「KING OF KING」や「戦極 MCBATTLE」といった様々な大会が催されるようになりました。

そうした状況になると、それまでの日本語ラップシーンにおけるアーティストとしての楽曲制作やCD・レコードのリリースを目的としたMCとは別に、バトルに特化したMCが活躍するようになり、技術的な水準は以前とは比べ物にならない程高いものになっていきました。

もはやムーブメントと呼べる域にまで達したMCバトル界に、その後の隆盛の原動力となるMCたちが2010年以降多数登場します。

その中でも、2005年に「B BOY PARK」で優勝した晋平太とR‐指定の2010年の対決は新時代の幕開けの象徴となり、その両者のずば抜けたスキルのぶつかり合いは、2019年の晋平太のMCバトル引退まで3回行われ、MCバトルの名勝負として伝説になっています。2010年の「ULTIMATE MC BATTLE」から晋平太は二連覇し、その後は大会の総合司会者を務め、それに続いてR‐指定は三連覇という偉業を成し遂げ、近年のフリースタイル・バトル・ブームを牽引する担い手として活躍していきます。

そして、「BAZOOKA!!! 高校生RAP選手権」というコーナーがBSスカパー！の番組『BAZOOKA!!!』内で放送されて、テレビというマス媒体を通してフリースタイル・バトルというものが若年層を中心に広く知られるようになり、高校生にとどまらず中学生、小学生までもが学校の休み時間にフリースタイル・バトルをするというレベルにまで浸透していきました。

第1回大会の優勝者のT‐Pablowは、その後、BADHOPというグループを結成し、自主制作のCDを無料で配ることから始めた活動は、4年後には武道館でワンマンライブを行うまでになるほどの人気を得ました。

その後、「BAZOOKA!!! 高校生RAP選手権」が作ったブームの流れを受けて、テレビ朝日で『フリースタイルダンジョン』の放映が開始されます。同番組の出場者も含めて、往年のラップスターたちが審査員やモンスターを務めたこともあり、またラップを聴くようになったというラップ・ファンも巻き込み、フリースタイル・ブームを全国に巻き起こしました。

ヒプノシスマイク

『フリースタイルダンジョン』は2020年7月1日に惜しくも終了してしまいましたが、プロのラッパーが芸能人にラップを伝授する「フリースタイルティーチャー」として引き続きお茶の間を賑わすことになりそうです。それまでミュージシャンとしての側面が強かったラッパーたちも番組を通して、その強めのキャラクターがお茶の間に届くことで、エンターテナーとしてのラッパーという立ち位置も得られました。

そうすると、ラップが得意な芸人同士のフリースタイル・バトルといったテレビ番組などはもちろんのこと、ヒプノシスマイクといった他ジャンルとのコラボレーション企画といったものも現れるようになりました。

これは男性声優18人がキャラクターに扮してラップを歌う〝ラップバトルプロジェクト〟といったもので、もはやサウス・ブロンクスで生まれたヒップホップとは次元すら異なるという驚異的な変化を遂げ、ここから先のフリースタイル・バトルも含めた日本におけるラップ・ミュージックが、どのようなものになっていくか、もう誰も予測できないレベルにまで到達しています。

聴いておきたい日本のラップ名盤

CHAPTER 6

数あるラップ・アルバムの中から、日本のラップを知る上で絶対に聴いておきたい16の名盤を晋平太氏がセレクト！　お勧めのポイントと併せて紹介していきます。

ARTIST | **BUDDHA BRAND**

TITLE | 病める無限のブッダの世界 ～BEST OF THE BEST(金字塔)～

（レーベル：76Records　発売年：2000年）

伝説の男たちの、全てが詰まった金字塔

CQ、DEV LARGE、NIPPS、DJ MASTERKEYがNYで出会い、うわさのチャンネルを結成。95年にBUDDHA BRANDとして日本に帰国。96年にメジャーデビューシングル「人間発電所 プロローグ」をリリースすると、店の前には発売日の前夜から長蛇の列ができた。伝説のヒップホップ・ユニットとして語り継がれる彼らのベストトラックと新曲からなる2枚組。

晋平太コメント

20年経った今聴いても、このクオリティとオリジナリティーは、ずば抜けています。「生でロウ芯からハーコー」という言葉をデブラージさんにかけてもらったこと、忘れません。

ARTIST | **MICROPHONE PAGER**

TITLE | **DON'T TURN OFF YOUR LIGHT**

（レーベル：FILE RECORDS　発売年：1995年）

日本語ラップの偏見を覆した歴史的名盤

ラッパー、プロデューサー、DJとしても大きな影響を与えたMURO、スティーヴィー・ワンダーのジャパン・ツアーにラップで参加したことがあるTWIGYを擁するMICROPHONE PAGER。世界クラスのスキルを持ちながら作品はこの1枚のみ。「日本語でカッコいいラップは不可能」と言われていた時代に、その偏見をトラップした革新的なアルバム。

晋平太コメント

日本語ラップを本当の意味で改正、開始した名盤。みんなの憧れのラッパーもペイジャーに憧れてラップを始めたんだよ！

ARTIST | **ZEEBRA**

TITLE | **The New Beginning**

（レーベル：ポニーキャニオン　発売年：2006年）

メジャーとインディーの境界線を跨いだ1枚

日本のHIPHOPシーンを牽引してきたレジェンドラッパーのZEEBRAが「原点回帰」をテーマに制作した4thアルバム。今作は安室奈美恵、AI、MUMMY-D (RHYMESTER)、Dev Large、Twigy(KAMINARI-KAZOKU.)、Full Of Harmony、UZI、OJ FLOW、Q(ラッパ我リヤ)……など総勢15組のアーティストとコラボした、これ以上にない豪華な1枚。

晋平太コメント

ヒップホップ界のオピニオンリーダー。ジブさんがこの世に存在しなかったら、自分を含め多くのラッパーはラッパーになれなかったと思います。

ARTIST ｜ 般若

TITLE ｜ 根こそぎ

（レーベル：ポニーキャニオン　発売年：2005年）

ラスボスの快進撃はここから始まった

ハードコア・ヒップホップ集団、妄走族の一番鬼として活躍後、テレビ番組『フリースタイルダンジョン』で3年半にわたりラスボスを務めた般若を一躍有名にしたのが今作。代表曲「やっちゃった」のほか、KダブシャインやKREVAを名指しでディスった「サンクチュアリ」、長渕剛の「心配しないで」をサンプリングした「心配すんな」など、バラエティーに富んだ作品。

晋平太コメント

1曲1曲全く違う般若スタイルを違和感なく見せつけてくれる傑作。後に役者業に進出するのも当然だと思います。

ARTIST | **ANARCHY**

TITLE | **ROB THE WORLD**

（レーベル：R-RATED RECORDS　発売年：2006年）

壮絶な人生を送ったANARCHYによる人生語録

小学生のときに両親が離婚し、彫り師の父親によって育てられ、15歳でラッパーとしての活動を始め、17歳で暴走族の総長となり、18歳の1年間を少年院で過ごしたANARCHY。そんな彼の記念すべき1stアルバムは『ミュージック・マガジン』、『Riddim』など音楽誌で年間ベスト・アルバムに選出されたほど、抜群の評価を受けている傑作。

晋平太コメント

これから天下を取りにいく男の野望と希望が詰まりまくってます。声の存在感!!

ARTIST | **SEEDA**

TITLE | **花と雨**

（レーベル：CONCRETE GREEN　発売年：2006年）

日本のHIPHOPを発展させたバイリンガル

日本でハスリングラップ（違法ドラッグ売買などの闇社会を扱ったリリックを用いたラップ）を広めたグループ、SCARSの中心人物、SEEDA。彼がBACH LOGICとタッグを組んで完成させたのが『花と雨』。幼少期をロンドンで過ごしていただけあり、US顔負けの多彩なフロウとパンチラインが光る。2020年には今作を原案にした映画が公開された。

晋平太コメント

SEEDA&BLのコンビは間違いない。SEEDA君が一気にゲームをスイッチしたきっかけになる1枚。ハスラーマインドを教えてもらいました。

ARTIST | R-指定

TITLE | セカンドオピニオン

（レーベル：Libra Records　発売年：2014年）

アーティスト・R-指定の真髄ここにあり

フリースタイルラップの日本一を競う大会『ULTIMATE MC BATTLE』で、前人未到の3連覇を成し遂げて、名実ともにNo1.ラッパーと呼び声の高いR-指定の1stアルバム。タイトルには「バトルの俺とは違う」「世間一般の考え方とは違う視点からの意見」という意味が込められており、MCバトルでは見られないアーティストとしての側面を堪能できる。

晋平太コメント

ラッパーとして最も バランスの取れた能力を感じさせてくれる1枚。サクセスに対する期待と恐怖、自信と自己懐疑ギリギリのバランスが美しいです。

ARTIST | ZONE

TITLE | 新小岩

（レーベル：All My Homies　発売年：2020年）

サプライズで投下した2020年最大の話題作

昭和レコードに加入し、アーティスト名をZONE THE DARKNESS からZORNに改名。今作は独立後、初のフルアルバムでありながら事前告知なく突然リリースした話題作。KREVA、ILL-BOSSTINO、ANARCHY、MACCHO、AKLO、NORIKIYO、Kvi Baba、鋼田テフロンが客演として参加。全曲のトラックをプロデュースを務めたのはBACHLOGIC。

晋平太コメント

人間として一番カッコいいラッパーの1人。等身大でいることのかっこよさを感じてください。

ARTIST | **OZROSAURUS**

TITLE | **ROLLIN'045**

（レーベル：ポリスター　発売年：2001年）

地元をレペゼンした名曲「AREA AREA」は必聴

96年にMCのMACCHO、DJのDJ TOMOによって結成。「ハマにOZROSAURUSあり」と言われ、横浜ヒップホップの雄として君臨。1stアルバム『ROLLIN'045』の“045”は横浜市の市外局番を指しており、日本で最初にエリアコードをタイトルに付けたのは彼ら。代表曲「AREA AREA」はもちろん、Mummy-D、TWIGYら豪華アーティストとの共演にも注目。

晋平太コメント

「レペゼンする」っていうのはこういうこと。最も気高いラッパーの1人だと思います。

10
日本のラップ名盤ガイド

ARTIST | Kダブシャイン

TITLE | 理由

（レーベル：ソニーミュージック・レコーズ　発売年：2004年）

ラッパー界のリーダーはこうして生まれた

キングギドラのリーダーであるKダブシャインによるソロアルバム。93年以降、常にヒップホップ・シーンの第一線で活躍し、数え切れないほどのラッパーに影響を与えた男の生き様を記した1枚。病弱で入退院を繰り返していた幼少時代、ぐれていた青年期、キングギドラを結成してからなど、これまで歩んできた人生の軌跡を赤裸々に表現している。

晋平太コメント

自分の人生をラップで語るってこういうこと。ストーリー展開とライムセンスの配合が神。お手本にしていただきたい1枚です。

11
日本のラップ名盤ガイド

ARTIST | **THA BLUE HERB**

TITLE | **STILLING,STILL DREAMING**

（レーベル：STRAIGHT UP RECORDS　発売年：1999年）

「オレたちの存在そのものに戸惑っているんだろう」

北海道札幌出身のラッパーILL-BOSSTINO、トラックメイカーのO.N.O、ライヴDJ のDJ DYEの3人で結成。後世に語り継がれるべき名曲「AME NI MO MAKEZ」も必聴だが、「ONCE UPON A LAIF IN SAPPORO」も欠かせない。東京一極集中だったヒップホップ・シーンに迎合することなく、札幌から狼煙を上げて立ち向かう生き様を見よ。

晋平太コメント

ハングリー精神の賜物。ストイックな気持ちになりたい時、ブルーハーブの力を借りてください！

12 日本のラップ名盤ガイド

ARTIST | 紅桜

TITLE | 紅桜

（レーベル：Party Gun Paul　発売年：2014年）

ラッパー史上、最高峰の歌唱力に酔いしれる

岡山県津山市出身のラッパー、紅桜の1stアルバム。昭和の男を彷彿とさせる“義理人情”という言葉がふさわしいサウンドとリリックで、１曲目「天下御免」を聴けば映画『仁義なき男たち』を思わず重ねてしまうはず。何より注目すべきは「悲しみの後」。“ラッパー界の和田アキ子”と呼ばれる紅桜のソウルズフルな歌声に圧倒されること間違いなし。

晋平太コメント

優しくて、イカつくて人間丸出しの１枚。声の大切さが芯からわかると思います。

13
日本のラップ名盤ガイド

ARTIST | **YOU THE ROCK★**

TITLE | **THE SOUND TRACK '96**

（レーベル：cutting edge　発売年：1996年）

日本語ラップ黎明期を味わうならコレで決まり

“日本語ラップ冬の時代”と呼ばれていた90年代前半から、ライブのみならず積極的にラジオやテレビなどに出演をして、お茶の間にラップを広めた貢献者がYOU THE ROCK★。そんな彼の1stアルバムは日本ヒップホップのルーツといえる1枚だ。中でも仲間を集めてマイクリレーをした「Black Monday '96」は時代を超えて愛される名曲。

晋平太コメント

96年の空気が真空パックされたような1枚。ユウサンのバイブスとティーチャースタイルは僕のお手本です！

14

日本のラップ名盤ガイド

ARTIST | **NITRO MICROPHONE UNDERGROUND**

TITLE | **SAME**

（レーベル：REALITY RECORDS　発売年：2000年）

ラップに革命を起こした、幻の1stアルバム

98年に結成された8人組クルー。各々が独立したラッパーの集団で、フロウ、ライム、声質も全員異なる。彼らの1stアルバム『SAME』は革新的で、それまではいかに上手く韻を踏めるかがラップの評価の基準であったが、彼らは“響きとしてのカッコよさ”を追求した。音楽だけでなくファッションでも若者を魅了し、社会現象を巻き起こしたカリスマの名作。

晋平太コメント

2000年の空気を感じたかったらコレ。バラバラな個性が化学反応を起こすと大爆発します。

15

日本のラップ名盤ガイド

ARTIST | **LAMP EYE**

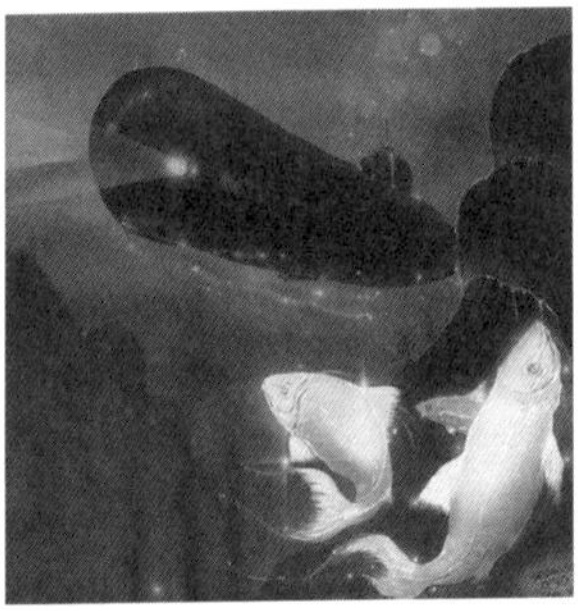

TITLE | **証言**

（レーベル：ポリスター　発売年：1995年）

各ナンバーがレジェンドの最強集団

93年にRINO LATINA II、GAMA 、DJ YASでLAMP EYEを結成。そこにフューチャリングという形でYOU THE ROCK★、G.K.MARYAN、TWIGY、ヨ シ ピ ィ・ダ・ガ マ、DEV LARGE、ZEEBRAが加わり、8人のラッパーでマイクリレーをしたのが「証言」。スーパースター同士が手を組んだ“ヒップホップ界のアベンジャーズ”とは彼らのことである。

晋平太コメント

クルーってなんなのか？　が一番かっこよくわかる1枚。クルーを束ねるリーダーシップの参考にどうぞ！

16

日本のラップ名盤ガイド

ARTIST | 漢 a.k.a. GAMI

TITLE | 導〜みちしるべ〜

（レーベル：Libra Record　発売年：2005年）

「リアルなラップとは何か？」のアンサー

日本のラップを語る上で欠かせないのが、漢 a.k.a. GAMI。イチラッパーとして活躍する傍ら、音楽レーベル「9SARI GROUP」の代表を務め、『ULTIMATE MC BATTLE』を主催するなど、ラップの礎を築いた重要人物。そんな漢の道程を詰め込んだのが1stアルバム『導〜みちしるべ〜』。新宿のリアル・アンダーグラウンドをハードコア・ラップで歌い上げる。

晋平太コメント

奇跡的名盤。1人では出せないパワーがライバルと切磋琢磨することで出せたりします。

特別鼎談

ラップはビジネス、教育に役立つのか？

川原繁人
慶應義塾大学准教授

関根和生

早稲田大学准教授

晋平太

慶應義塾大学、早稲田大学で教鞭をとる、大のヒップホップファンでもあるふたりの研究者と、晋平太によるラップ座談会が実現。ビジネスに役立つラップ論からラップによる幼児教育論までが飛び出して……。

ラップはビジネス、教育に役立つのか？

ふたりの大学准教授が
ラップを研究対象に！

――まず、先生方がラップについて、普段どういった研究をされているのかをお伺いしたいのですが、川原先生からお願いいたします。

川原「専門は音声学、広くは言語学ということになります。言語学自体あまりよく知られていない学問なんで、少しでも楽しく学んでもらえればと思いまして、以前から言語学の授業でラップを題材として使ってたんですね。ラップから見た日本語の言語構造とか、ラッパー特有のアクセントや発音の仕方など、題材としてすごく面白いんです」

晋平太「そもそも言語学って、どういう学問なんですか？」

川原「皆さん、そういう疑問を持たれるんですよね。私の場合は、口のどこをどう動かすとどういう音が出るとか、ラッパーが韻を踏むときには母音を揃えるのはもちろんなんですが、では、何個揃えるのか、単語の切れ目をまたいでいいのか、いけないのかとか、ラップで韻を踏むときに重要なのは母音ですが、子音はどうなんだろうと

か、そういう疑問に言語学的な視点から切り込んでいくんですね」

晋平太「めちゃくちゃマニアックなことをしてるんですね（笑）」

――関根先生はどのような研究をされていのでしょうか？

関根「私の専門は心理学ですが、もう少し細かくいうと、発達心理学や認知心理学の観点からコミュニケーションの研究をしています。ラップに関しては、晋平太さんのようなラッパーが頭の中でどのように情報を処理しているのか、ということに興味を持っています。川原先生と少し違うアプ

ラップはビジネス、教育に役立つのか？

川原繁人（1980年生まれ）。2002年、マサチューセッツ大学言語学科大学院に入学し、2007年に言語学博士を取得。現在は慶應義塾大学言語文化研究所准教授。専門は音韻論、音声学、音象徴、さらに実験言語学一般。

ローチで、日本語のヒップホップの研究をしています」

晋平太「関根先生みたいな学者の方が、俺の脳みそに興味を持ってくれるというのは、本当にありがたい話です。以前のラッパーに対する世間一般のイメージって、インテリジェンスのかけらもないヤツって感じでしかなかったですから」

――先生方は、おふたりとも研究する以前からラップ好きだったとお伺いしましたが？

川原「アメリカで勉強していたとき……2000年くらいですかね、友だちからラップのミックステープをもらったのがきっかけでハマったんです。帰国した際に日本人アーティストのCDを探すのが楽しくて。そこから日本語ラップの研究を始めるようになったんです。音楽も含めて英語に囲まれた生活をしていたので、日本語が恋しかったという面もあったのかな」

関根「僕は高校1年くらいのときですかね。当時、恵比寿と渋谷の間に〝パコ〟というDJ専門店がやっていたDJスクールに通ってました。友だち3人でラップチームを作ったりしてたんですよ」

ラップで鍛える集中力とコミュニケーション能力！

——では、ここから晋平太さんも交えて、「ビジネスに役立つラップ」というテーマで話を進めていただきたいと思います。皆さんは、ラップにはビジネスに役立つポイントがあると思われますか？

川原「そう思います。僕、晋平太さんの大勢を相手に話を回す能力に驚かされたことがあるんです。以前、オンラインで開催したワークショップに、晋平太さんに出てい

ラップはビジネス、教育に役立つのか？

ただいたときのことなんですが……」

晋平太「ありましたね」

川原「最後に生徒さん20人でサイファー（複数人が輪になって即興でラップをすること）したんですが、素人同士だと上手く回らないんですね。そこで晋平太さんに回してもらったんです。Aクンから晋平太さん、晋平太さんからBクンという感じで。生徒全員のラップに晋平太さんがひとりで返しを行うわけですから、それはもう、人並外れた集中力ですよね。20人を相手に、まるで聖徳太子（笑）。あの能力は、全てのビジネスマンが欲しがるんじゃないですか」

晋平太「死ぬほどラップやってると、集中力とか人の話を聞く能力が自然と身につくんだと思います。以前、役者さんから聞いた話なんですけど、相手がセリフを言ってるときに次の自分のセリフのことを考えてるやつ、これを大根役者って言うんですって」

――フリースタイルに通じるわけですね。

晋平太「そうです。相手がラップしてるときに、次に自分が何をラップするかを死ぬほど考えてるやつは絶対に勝てない。役者は相手のセリフに集中してこそ、自分のセリフにも感情がこもる。フリースタイルでも、相手のラップに集中してないと勝てる返しができないんですよね」

――人の話を聞きなさいと言うのは簡単ですが、本当に集中して話が聞けているビジネスマンは少ないでしょうしね。

関根「ビジネスとラップということであれば、僕は以前から晋平太さんにお聞きしたいことがあったんです。日本のフリースタイルにおける、先輩後輩といった上下関係の話なんですが……」

晋平太「先輩に対して暴言を吐いていいのか、ということですか?」

関根和生(1978年生まれ)。2008年に博士号取得後,日本学術振興会特別研究員を経て,2012年よりイギリスのウォーウィック大学で研究に従事。その後、2016年から2018年までオランダのマックスプランク心理言語学研究所で研究を行う。現在は早稲田大学人間科学学術院准教授。博士(心理学)。専門は発達心理学,特にコミュニケーション研究を専門とする。

ラップはビジネス、教育に役立つのか？

関根「そうです。アメリカだったら年齢や地位など関係なく、とにかく相手を打ち負かせばいいというスタンスじゃないですか。日本語のラップにおいては、上下関係は尊重されるべきものなんだろうかと」
晋平太「確かに……僕よりも年上で憧れてた人、その人とMCバトルでぶつかったとき〝おめーよ！〟とは言わないですね」
関根「やはりそうですよね。晋平太さんは、その辺が上手なんですよね。先輩・後輩を区別しながら相手を倒していくスキルがあるんだと思う。ビジネスマンが上司に意見を言うときも〝おめーよ〟とは言えませんからね」
――相手を敬いながら、大事な部分は曲げずに言いたいことを言う。晋平太さんが持つ優れたスキルですよね。
関根「本場アメリカのギャングスターラッパーが使っている言葉の激しさや汚さを考えると、日本のラップには思いやりが透けて見える気がします。バカとかアホって言いながらケンカをしても、それ以上の酷い言葉って日本語にはないんですよね」
――確かに、そうですね。
関根「僕はコミュニケーションでジェスチャーの研究もしてるんですが、たとえば中指を立てて相手を挑発する表現方法は欧米から来てるもので、日本には相手を強く侮辱するジェスチャーってないんですよ。それを考えると、そもそも私たち日本人は、表現上、心底相手をけなすことができない民族なんじゃないかと思ったりもするんですね」
川原「フリースタイルで罵倒しあっても、根本に相手に対するリスペクトがあるっていうのが、日本的ということなのかもしれないですね」
晋平太「そうですね。僕、2016年に発表した4枚目のアルバムタイトルに『ディ

ラップはビジネス、教育に役立つのか？

ス・イズ・リスペクト』ってつけてるんですよ。相手を深く知らなきゃ、いいディスりはできませんからね」

――なるほど。そりが合わない上司や取引先が相手をディスるにしても、相手を敬う気持ちを忘れなければ、いいところが見えてくるかもしれませんよね。そういう能力が、ラップすることで養えると。

晋平太「嫌いな相手と何かをしなくちゃいけない機会なんて山ほどあるでしょうし。嫌いな相手をクソミソに批判するんじゃなくて、うまく使って仕事する方法を考えたほうがいいんじゃないでしょうかね」

アウトプットすることの重要さをラップで学ぶ！

――それでは、議題を「ラップすることで得られる効能」というテーマに移したいのですが。晋平太さんの脳みそに興味をお持ちの関根先生としては、どのような効能があるとお考えですか？

関根「そうだと言い切るまでのエビデンスはありませんが……フリースタイルの上手い人が、脳のどの部分をどのように使っているかを調べれば、ラップを用いて特定の認知能力を発達させる方法についての研究が進められるかもしれない、とは思っています」

晋平太「フリースタイルで即興で韻を踏むときに、本来組み合わされないだろう単語の組み合わせを思いつくときがあるんです。そんなときは脳みそがめちゃくちゃ閃いているというか。〝これだ！〟って韻が見つかった瞬間って、脳みそにめちゃくちゃ大きな快感が生まれてる気がしますよね。それはぜひ、先生方に解明してほしいですね」

――晋平太さんは、ラップの効能についてはいかがでしょう。

晋平太「そうですね……僕の場合は、ラップがモチベーション上げるための重要なツールになってます」

――具体的にはどのような？

晋平太「たとえば朝起きて、超テンションが低いときがありますよね。僕はひとりでスタジオに行って歌の練習するんですけど、歌ってると、そのうちに勝手に元気になってくる。筋トレするとアドレナリンとか、脳から色んなホルモンが分泌されるっていいますけど、ラップにも同じ効果があるんじゃないかと思いますね」

ラップはビジネス、教育に役立つのか?

関根「なるほど。実際に声に出して歌うという点で、思い出したことがあります。ある、外国語習得の研究をされている先生が〝第二言語を習得する際は入力よりも出力、アウトプットが重要だ〟と仰ってるんです。つまり聞いて覚えるよりも話して覚える方が有効的だということなんですが……ラップという(同じ韻の言葉をリズムに合わせて声に出す)パッケージを獲得すると、普段あまり使わない言葉とかも自分のものにできるようになるんじゃないかと思いました」

――それはどういうことでしょうか?

晋平太「ラップで自己紹介するときがいい例ですよ。歌い出しちゃうと、普段は言わないようなことが言えたりする、ってことですよね?」

川原「普段は恥ずかしくて言えないことが言えちゃう」

晋平太「そうして口に出すことで1回アウトプットする。すると、1回目は恥ずかしかったことが、2回目以降は自分の得意のトークチャンネルに入ってくる、みたいなところもありますよね。ライムも、一度踏んでしまえばそれ以降はいつでも踏めるライムになるように。そう考えると、アウト

プットすることは超大事ですね」

――なぜラップのパッケージを使うと、そのような現象が起きるんでしょうか。

関根「ラップって、韻を踏まなきゃいけないという緩やかな制約がありますよね。すると、普段の自分では口にできない言葉だとしても、強引に当てはめちゃえ、という意識が働くのかもしれないですね」

晋平太「制約という意味では、俳句に五・七・五ってルールがあるのと同じですかね」

関根「考えてみると、フリースタイルって制約だらけなんですね。特にバトルする場合には、自分の歌詞の中でライムをちゃん

ラップはビジネス、教育に役立つのか？

意味では、ラップは有効な手段だと思います。フリースタイルなんかは、一見は罵倒しあってるだけのように見えますよね」

――そうですね。

晋平太「でも、優れたフリースタイルのディスり合いって、ディベート（討論）になってなってるんですよ。会話を拾って発展させて、自分の意見として通すっていうのがフリースタイルラップの構図なんです。その能力を持ってる日本人って、実はすごく少ないんじゃないですかね。僕自身は、そういうコミュニケーション能力は、フリースタイル・バトルしているお陰で身にと作らなきゃいけないし、相手が言ったことに対しても返さなきゃいけないし。しかも、ビートがあるから時間的な制約も課せられる。逆に、制約がいっぱいあるから面白い発想とか、言葉のあやみたいなものが生まれるのかもしれませんね」

――なるほど。実際にラップすると、制約が多いがゆえに普段とは違う自分が生まれる可能性があり、さらに言葉に出してアウトプットすることで、新しく生まれた自分が定着するかもしれない、ということですね。ほかにはどうでしょう？

晋平太「コミュニケーション能力を育てる

つけることができたと思ってるんですけどね」

ラップを教材にして幼児に楽しく日本語を学ばせる！

川原「僕は教育という面からラップの効能についてお話ししたいのですが……今って英語教育の話にはなるけど、なかなか日本語を題材にした教育の話にならないんですよ。もっと楽しく、若者や子どもが日本語の特徴や構造を学べる環境になればいいなと思っていまして。そういう意味で、ラップがいい教材にならないかなと」

――具体的にはどのような？

川原「ヒップホップではよくサンプリング（過去の曲や音源の一部を流用して新しい楽曲を作ること）をしますよね。あれは、日本の伝統である和歌でいうところの〝本歌取り〟なんですよ。若い人にその技法を教えるためには、本歌取りと言って説明するより、サンプリングと言ったほうが食いついてくれそうじゃないですか」

晋平太「日本語教育と考えると、ラップにはアクセントの問題がありますよね。『箸』と『橋』みたいな。ラップする上では、実

ラップはビジネス、教育に役立つのか?

はアクセントは軽視されてますから」

川原「そうですよね。でも考えようです。たとえば幼児教育なんかであれば、アクセントをワザと無視したラップを題材として聞くことで、日本語ってアクセントをどこに置くかで意味が違ってくるよね、ってことを教えることができると思うんですね」

関根「幼児教育という意味では、欧米では子どものころからライミングのある(韻を踏んでいる)童謡を聞いて育つんですよね。ラップがもっと浸透すれば、日本でも韻を踏む文化が当たり前になるかもしれないですね」

川原「5歳になるうちの娘としている言葉遊びなんですが。『かー』って10秒伸ばしてみてって。そうしたら『あ』が出てきたねって。子どもはそこで母音の存在を認識するわけです。そしたら『じゃあ、リンゴときんぎょは同じ仲間だね』って。そういうところから日本語って面白いって思ってくれたらいいと思うんです」

関根「しりとりができるようになるのも5歳くらいなんですよね。その背景には、音韻意識の発達があるんですけどね。しりとりを教えるのと同時にライミングを幼児教育に導入して、じゃあ言葉の最後だけ合わせてみよう。そんなふうにしたら、楽しく日本語が学べそうですね」

晋平太「韻を踏んでる仲間を探してみよう、とかね」

——ラップが小学校の授業に組み込まれる日が来るかもしれませんね。

川原「幼児教育にラップを題材にした絵本を出すというのはどうでしょうかね。韻踏み絵本」

晋平太「それ、いいですね！　そこから未来のラッパーが育つかもしれないと考えると、超面白い仕事じゃないですか」

関根「ラップの未来のため、すそ野を広げる。そのための土台を作るという意味でも、絵本はいいかもしれないですね」

——まだまだ話は尽きないと思うのですが、残念ながら、そろそろお時間ですので、今日の鼎談をまとめていただけないでしょうか。

晋平太「そうですね……なぜヒップホップやラップが、世界的にここまでのポピュラリティーを獲得できたのかと考えると、それは人間の本質とか、人間が本来やっていたことに忠実だったからだと思うんです。ダンスだって古来からやっていただろうし、ラップだってお喋りをリズムにのせてるだ

ラップはビジネス、教育に役立つのか？

けですし」

――ラップは人間の根源に基づいている音楽ジャンルだということですね。

晋平太「そうです。ですから、日本でも今以上に、もっともっと盛り上がってほしい。広げ方の問題は色々あると思うけど、僕はなるべく美しく、なるべく楽しく、なるべく教養になるような広め方ができればと思ってます。そのためにも、僕がやってる一般社団法人〈日本ラップ協会〉にも、先生方おふたりのお力添えをぜひともいただきたいと思っています」

川原・関根「こちらこそ、よろしくお願いします」

――皆さん、本日はお忙しい中、貴重なお話をしていただきまして、ありがとうございました。

ラップ用語集

［ア行］

R.I.P.【アールアイピー】
ラテン語「requiescat in pace」の頭文字。英訳は「rest in peace」で「安らかに眠れ」という意味。稀にリップと読むこともある。

アンセム【Anthem】
元々は聖歌などの教会音楽のことを指すが、ロックやクラブミュージックの世界では、誰もが歌える人気曲を指す。

アングラ【Underground】
メジャーではない、または、その独自性を維持するためにメジャーとの差別化を図るアーティストやその属するシーンを指す。

アンサー【Answer】
MCバトルにおいて、相手が仕掛けてきた発言に答えること。曲単位では、相手が仕掛けてきたディスソングに対してのアンサーソングとなる。

イル【Ill】
本来の病気の状態を指す意味から、スラング的に「病的にヤバい」といった意味合いで、その凄さを表す褒め言葉として使う。

MC【エムシー】
master of ceremonyの略で催事等のイベントの司会者を指す。そこから当初イベントを取り仕切る盛り上げ役のラッパーを意味するようになる。

a.k.a./aka【エーケーエー】
also known asの略。「～としても知られる」「別名」などの意味で、ラッパーやDJが別名義でアルバムをリリースする際等に使用する。

音源
一般的にはCDやバイナルレコード、データ配信などの形でリリースされた、そこから音が得られる媒体のことを指す。

［カ行］

グラフィティ【Graffiti】
エアロゾールアートともいい、スプレーなどを使い、様々な物を媒体として描かれる図像のこと。グラフィティを描く者のことをライターという。

ゲットー【Ghetto】
アフリカ系アメリカ人やプエルトリコ人等、特定のエスニック集団が半ば強制的に居住させられた地区。おしなべて貧民街。

［サ行］

サイファー
公園や広場などに集まったラッパーが、フリースタイルを仕掛け合う遊び。ラジカセやヒューマンビートボックスでビートを鳴らすこともある。

サグ
「チンピラ」「ギャング的な者」の意味。サグライフとはギャング的な生業に支えられた放蕩生活のこと。

サンプリング【Sampling】
過去の曲や音源の一部をサンプラー等の機材を用いて切り出し、再構築して新たな楽曲を製作する音楽製作法。

スクラッチ【Scratch】
ターンテーブルでレコード前後させた際に発生するノイズをDJミキサーによってカットし、リズムに合わせたグルーブを作り出す音楽手法。

スワッグ【Swag】
個性的で際立った、独特なセンスやファッションスタイル、魅力を表す語。swaggerになると逆に「ほらを吹く、自慢する」とネガティブな意味に。

［タ行］

DJ【ディージェー】
複数枚のレコードの曲と曲をつなぐことで、曲の構造を超えて持続的に聴衆を盛り上げることを目的とする選曲者のこと。

ディス【Dis】
disrespect(ディスリスペクト)の略で、相手を貶す発言や行為を指す。respect（尊敬する）と共に対義語として多用される。

ディグる／ディグする【Dig】
Digは「掘る」の意味で、レコードショップで箱の中を掘るかのようにレコードを探す様から。転じて物事を探求する行為を指す。

トラックメーカー／トラックメイカー【Track Maker】
ラップ音源を収録する前のインストゥルメンタル楽曲を制作する者のことで、プロデューサーを兼ねていることもある。

ドープ【Dope】
元々は麻薬そのものの意味だが、使用時に意識を持っていかれる音楽、映像に対しての評価の意から転じて「かっこいい、奥深い」という意味で使われる。

［ハ行］

バイブス【vibes】
「vibrations」の略語で、「雰囲気・気合・ノリ」というような意味合いで使われ、人や音楽が放つ波動を表す。

ハーコー【Hard core】
ギャングスタ・ラップをはじめとする、深刻な内容や攻撃的な姿勢を表現の特徴とするラップや、そのスタイルを指す。

ハスラー【Hustler】
ストリートにおいて、麻薬の売買やポン引きなどの売春斡旋業といった非合法な手段で生計を立てる者。

ビーフ【Beef】
互いのディスの応酬が周囲の注目を集める大きな争いに発展しまうこと。ファーストフード店が他店の肉の量を揶揄したCMが語源。

b-boy【ビーボーイ】
break boy,break'n boyの略で、元々はブレイクダンスをする人を指す。そこからヒップホップスタイルの男全般を指すようになる。

ビート【Beat】
一般的にはリズムパターンのことだが、トラック同様、ラップ音源を収録する前のインストゥルメンタル楽曲を指すこともある。

フック【Hook】
サビなど、その曲を印象付ける独立した歌詞部分のこと。それ以外をヴァースと呼ぶ。

フッド【Hood】
neighborhoodが略された言葉で地元を意味する。縄張り等の自らのテリトリーを指すこともある。

フロウ【Flow】
ラップの歌い回し。声の抑揚や出し方、アクセントの付け方や言葉の置き方等、ラップの音声としての表現を特徴づけるものを指す。

プロップス【Props】
多くの人からの評価や同意を得ることで持たれる尊敬の念のこと。

フリースタイルラップ【Free Style】
元々は特定の主題なしに行われるラッ

プのことを指していいたが、１９９０年代初頭からリリックを即興で作りラップすることを指すようになった。

feat.【フューチャリング】
「featuring」の略で客演のこと。楽曲に他のラッパー、シンガー、トラックメイカーを迎えることを意味する。

ヘッズ【Heads】
リスナーの中でも、重度に聴き込み、自らをヒップホップアイコンと化した中毒者のことを言う。

ポッセ【posse】
元々は「群兵・民警団」といった意味で「志をひとつにした仲間」を指す。その集団で録音された楽曲をポッセカットと呼ぶ。

〔マ行〕

マイメン【My men】
親友のこと。地元（Home）の友達を意味するホーミーと共に、仲の良い仲間を指す言葉。

元ネタ
サンプリングで作られた楽曲の、その素材となった元の音源・楽曲のことを言う。

〔ラ行〕

ライム【Rhyme】
韻を踏むこと。ラップをする上で、言葉の同一または類似の音を、小節ごとの一定の位置、もしくはずらしながら繰り返し用いること。

リミックス【Remix】
既存の楽曲を再構築したり、ラップの部分を全く別の曲にのせることで、その曲の新たなバージョンを製作すること。

レペゼン
レプレゼント(represent)が日本で略された形。特定の土地や集団を代表し「〜からやってきた」を表明する際に使われる。

〔ワ行〕

ワック【wack】
「まったくダメな、ダサい」の意味。相手を見下す表現として使われsucker（未熟でどうしようもないヤツ）と共によく使われる。

あとがき

ＹＯ　晋平太だぜ！

ラップの世界はサバイバルです。
次々と出てくるフレッシュな新人や
いつまでたっても色褪せないレジェンド、そんなライバルたちを相手に
ラッパーのキャリアを保ち続けるのはとんでもなく大変なことです。
華々しい人気を誇っていたラッパーが1年も持たず消えていく、なんてことも珍しくありませんし、何年も日の目を見なかったラッパーが突如バズるなんてことも稀にあります。
しかし、それはどこの世界でも同じことだと思います。
ビジネスマンだろうが職人だろうが、
相手より一歩抜きん出るためにはサバイバルなんだと思います。

ラッパーである僕が口だけ野郎で終わらないためには行動し続けるしかありません。
言葉を武器にひたすら行動する。
それが僕の唯一のサバイバルツールです。
読者の皆さんがこの世界を生き抜く上で少しでもご自分の言葉を味方につけてほしい。
そんな気持ちでこの本を制作させていただきました。
しかし、残念ながら読んだだけで人生を変えられるようなパワーは本にはありません。
行動に移してください。
言葉を大切にしてください。
これから先、生きていく上で少しでも本書をお役に立てていただけたら幸いです。

晋平太

2021年2月

参考資料

『文化系のためのヒップホップ入門』長谷川町蔵、大和田俊之著（アルテスパブリッシング）
『私たちが熱狂した90年代ジャパニーズヒップホップ』リアルサウンド編集部編（辰巳出版）
『ライムスター宇多丸の「ラップ史」入門』宇多丸、高橋芳朗、DJ YANATAKE、渡辺志保著（NHK出版）
『MCバトル史から読み解く　日本語ラップ入門』Darthreider著（KADOKAWA）
『ヒップホップ・ビーツ』S.H. フェルナンド Jr. 著（ブルース・インターアクションズ）
『uDiscovermusic 日本版』https://www.udiscovermusic.jp/
『Yo! 晋平太だぜ Raps』https://www.youtube.com/channel/UCpgfNu5rWr-_C4iSplHPlzg/featured
『Lotus TV』https://www.youtube.com/channel/UCqiJW74QPrGEbyByC8dJHOw
『HIP HOP DNA』https://www.youtube.com/channel/UCDCN-aOOkLrDVUKp8lnPiQQ
『Shama Station』https://www.youtube.com/channel/UCYVpHXMsZ-ECltdgEl7TBmA/featured
『RED BULL MUSIC ACADEMY』https://www.redbullmusicacademy.jp/jp/magazine
『cunytv75』https://www.youtube.com/user/cunytv75/featured
『ROLLING STONE』https://www.youtube.com/channel/UC-JblcinswY50lrUdSaRNEg
『PAPER MOON MAN』https://ameblo.jp/dabo-blog/
そのほかWebサイトを参考にしています。

教養としてのラップ

2021年3月31日　初版第1刷発行

監　修	晋平太
編　集	藤本晃一（開発社）
編集協力	お髭のマツオカ、真貝聡 山下達広、川合拓郎
撮　影	榎本壯三
写　真	shutterstock
デザイン	杉本龍一郎（開発社）
発 行 者	伊藤 滋
発 行 所	株式会社自由国民社 〒171-0033 東京都豊島区高田3-10-11 電話 03-6233-0781（代表） http://www.jiyu.co.jp/
印 刷 所	八光印刷株式会社
製 本 所	新風製本株式会社